浙江省石窟寺与摩崖造像
病害调查报告

叶 良 崔 彪 吕伟加 / 编著

浙 江 省 文 物 局
浙江省文物考古研究所 / 编
浙 江 科 技 学 院

浙江古籍出版社

图书在版编目(CIP)数据

浙江省石窟寺与摩崖造像病害调查报告 / 浙江省文物局, 浙江省文物考古研究所, 浙江科技学院编 . —杭州:浙江古籍出版社, 2022.12

ISBN 978-7-5540-2467-6

Ⅰ.①浙… Ⅱ.①浙… ②浙… ③浙… Ⅲ.①石窟-病害-调查报告-浙江②摩崖造像-病害-调查报告-浙江 Ⅳ.①K879.295②K879.35

中国版本图书馆 CIP 数据核字(2022)第 230501 号

浙江省石窟寺与摩崖造像病害调查报告

浙 江 省 文 物 局
浙江省文物考古研究所　编
浙 江 科 技 学 院

出版发行	浙江古籍出版社
	(杭州市体育场路 347 号)
责任编辑	徐晓玲
责任校对	吴颖胤
责任印务	楼浩凯
照　　排	杭州兴邦电子印务有限公司
印　　刷	浙江全能工艺美术印刷有限公司
开　　本	889 mm×1194 mm　1/16
印　　张	20.25
字　　数	435 千
版　　次	2022 年 12 月第 1 版
印　　次	2022 年 12 月第 1 次印刷
书　　号	ISBN 978-7-5540-2467-6
定　　价	280.00 元

如发现印装质量问题,影响阅读,请与印刷厂联系调换。

浙江省石窟寺专项调查工作

领导小组

组　　长：柳　河

副组长：郑建华

成　　员：李新芳　李　俏　方向明　陈水华　卓　军　韩小寅
　　　　　李　震　戚建刚　钱红梅　吴志明　朱芝君　王国文
　　　　　陈再米　胡其岳

专家组

李志荣　张秉坚　黎毓馨　卢远征　刁常宇　魏祝挺

本册编委

编　　著：叶　良　崔　彪　吕伟加

编　　委：冯宝英　邵浦建　袁珊珊　吴李泉　马梁梁　吴家骏

前　言

　　本书基于 2020 年国家文物局组织开展全国石窟寺专项调查的工作成果，依据行业标准《石质文物保护工程勘察规范》分类方法，按结构失稳、渗漏、表层劣化等三大类主要病害，系统摸排和梳理了浙江省各地区石窟造像的病害现状，并初步分析和总结了各地区石窟造像的病害特点与规律。全书分为综述、正文和附录三部分。

　　正文部分包含四章，分别以区域特点为依据进行分类排序，其中第一章为杭州地区石窟造像病害调查，以杭州西湖北山、杭州西湖南山和杭州余杭、临安、富阳、桐庐、建德石窟造像为顺序编排；第二章为台州、温州地区石窟造像病害调查，以台州地区、温州地区石窟造像为顺序编排；第三章为绍兴、宁波、舟山地区石窟造像病害调查，以绍兴地区、宁波地区、舟山地区石窟造像为顺序编排；第四章为金华、衢州、湖州地区石窟造像病害调查，以金华地区、衢州地区、湖州地区石窟造像为顺序编排。

　　附录部分包含四部分内容，其中附录 1 为浙江省石窟造像概况统计表，以表格的形式列出了各文保单位（点）的名称、地点、保护级别、年代、岩性、病害评估等级以及相应的建议保护措施；附录 2 为浙江省石窟造像病害统计表，以表格的形式统计出了各文保单位（点）的病害类型以及严重程度；附录 3 为石窟造像的主要病害类型与形成机理，主要依据行业标准《石质文物保护工程勘察规范》、《石质文物病害分类与图示》（WW/T0002-2007）、国家标准《馆藏砖石文物病害与图示》（GBT 30688-2014）并参考"全国石窟寺专项调查报告"模板，对石窟造像的主要病害类型与形成机理进行了简单介绍；附录 4 为石窟造像工程常用保护方法与技术，简单介绍了石窟造像保护工程的勘察方法和目前国内外常用的保护技术。

　　由于本次石窟造像现场调查工作基本开展于 2021 年 1—2 月间，因此本书中所有石窟造像的病害只是客观反映了该时间节点的现状，距图书出版有近两年时间，病害现状会产生部分差异，尤其是表层劣化病害的差异性会比较明显。

　　本书主要由浙江科技学院叶良教授执笔，浙江省文物考古研究所崔彪、冯宝英、邵浦建，浙江科技学院副教授吴李泉，硕士研究生邵钧、方明森，杭州聚代文化遗产保护科技有限公司吕伟加、袁珊珊、马梁梁，浙江大学吴家骏等参与了资料的整理和绘图工作。同时，从现场调查、数据整理、报告出版，每个环节都离不开大家的帮助：浙江省文物局对本书的出版给予了经费资助，浙江省文物考古研究所给予了编写指导，浙江省各地文旅局、文保所的同仁对各类资料的补充给予了大力支持。值此书稿交付之际，再次向对本书出版给予无私帮助的领导、专家、同仁致以诚挚的谢意。

本书写作在保持"调查报告"体例基本统一的基础上，主要根据石窟造像的病害特点，并考虑到读者专业背景的多样性，尽量让内容通俗易懂，多采用图表的表现形式。但由于作者水平有限，书中疏漏和不妥之处在所难免，望读者不吝指正。

叶　良

2022 年 7 月于浙江杭州

目　录

综　述

2020 年 10 月，国家文物局组织开展全国石窟寺专项调查，根据浙江省文物局的调查任务部署，历经 3 个月的全省石窟寺专项调查工作，初步掌握了全省石窟造像病害的基本情况，为我省下一阶段进行石窟造像的保护研究提供了第一手的资料。

1. 浙江省石窟造像分布

本次石窟寺专项调查共核定全省 1911 年以前开凿的石窟造像 87 处，其中石窟寺为 17 处，摩崖造像 70 处。87 处石窟造像分布在 9 个设区市的 30 个县（市、区）。9 个设区市按石窟造像数量由多到少排序如下：杭州 46 处（石窟寺 8 处、摩崖造像 38 处），台州 11 处（石窟寺 2 处、摩崖造像 9 处），绍兴 9 处（石窟寺 4 处、摩崖造像 5 处），温州 7 处（均为摩崖造像），宁波 4 处（石窟寺 2 处、摩崖造像 2 处），舟山、金华各 3 处（均为摩崖造像），衢州 2 处（石窟寺、摩崖造像各 1 处），湖州 2 处（均为摩崖造像）。另，嘉兴地处平原，罕有石窟寺及摩崖石刻分布；丽水虽然现存有大量的洞窟及摩崖石刻，但经复核均为天然洞穴或文字类摩崖题记，仅一处摩崖造像（缙云下项村水濂洞天），为现代开凿，故不属于此次调查范围内。

从保护级别上看，87 处石窟造像中，全国重点文物保护单位以单体计数 11 处，以公布名称为准计数 6 处，单体数占比 12.6%；省级文物保护单位以单体计数 11 处，以公布名称为准计数 10 处，单体数占比 12.6%；县（市、区）级文物保护单位 19 处，占比 21.8%；已公布为各级文物保护单位的合计 41 处，占比 47.1%；登记文物点 30 处，占比 34.5%；新发现 16 处，占比 18.4%。

2. 浙江省石窟造像保护现状

2.1 安全管理

据调研统计，87 处石窟造像中，安防设施建设率 23%、消防设施有需求建设率 25%、防雷设

施有需求建设率 20%。当前石窟寺安全设施建设情况一般，安全防护系统提升需求迫切。87 处石窟寺和摩崖造像中，安全保卫机构建设率约 20%，安全保卫人员覆盖率约 24%。有些石窟寺由于条件所限，未建立专门的安全保卫机构，但有设立文物保护专员看管，占比约 50%。而既无安保机构也无安保人员的有 21 处，占比约 24%。为加强石窟寺的文物安全，迫切需要根据实际情况设立专门的机构和人员。

2.2 保护利用

在 87 处石窟造像中，已编或在编文物保护规划 10 处，占比 11.5%。截至 2022 年 12 月，各地已经实施的文物保护工程有 15 处，占比约 17.2%。实施的文物保护工程主要集中于杭州、绍兴、温州、宁波四地，分别为 8 处、4 处、2 处和 1 处，其他地区暂无数据统计。通过实地调研和数据统计分析，不难看出，高级别文保单位保护情况普遍较好，保护规划及保护工程已然有序进行，且安防设施配套较为完备；而多数低级别文保单位（点）或登录点，长期以来保护利用重视程度不够，部分单位（点）甚至面临破坏或消失的风险。

3. 浙江省石窟造像地质环境概况

3.1 自然地理概况

浙江省位于我国东南沿海，长江三角洲南翼，东濒东海，南接福建，西连江西、安徽，北与江苏、上海接壤。浙江省属亚热带季风性气候，年平均气温 15 ~ 18℃，极端最高气温 33 ~ 43℃，极端最低气温 -17.4 ~ -2.2℃，自北向南递增，南北温差 4℃左右，且沿海小于内陆。年平均日照时数 1710 ~ 2100 小时。全省无霜期 235 ~ 275 天，自南而北、自沿海向内陆缩短。全省年降水量在 1000 ~ 2000 毫米之间，地域差异明显，年内分布不均，年际变化较大；降水量自北而南、自平原向山区增多，最大与最小年降水量比值在 2 倍以上；年内降水多集中在 4 ~ 9 月的春雨、梅雨和台风季节，是山区地质灾害高发期，常形成暴雨、洪涝等气象灾害。

3.2 地形地貌

浙江省以山地丘陵为主，陆域面积 10.55 万平方千米，地形地貌复杂，地势自西南向东北倾斜，呈阶梯状下降。山地丘陵面积占陆地面积的 70.4%，平原和盆地面积占 23.2%，河流湖泊占 6.4%。西南部以中低山为主，地势高峻；中部为 500 米以下的丘陵和盆地，大小 40 余个盆地错落其间；东北部为地势低平、河网密布的滨海平原，海拔 2 ~ 5 米。

3.3　地层岩性

浙江省自中元古界至第四系地层发育齐全，尤以中生代火山岩系发育为特色。以江山－绍兴断裂为界，浙西北区属江南地层区，出露范围较小；浙东南区属华南地层区元古界基底变质岩系。元古代变质岩系地层主要分布在江山－绍兴断裂带两侧附近；震旦至三叠沉积地层主要分布在浙西北；侏罗至白垩红层及火山地层广布全省；下第三系隐伏于浙北平原地区，上第三纪仅出露浙东南局部地区；第四系广布全省，山地丘陵区以冲积、洪积为主，海滨平原区为陆相－海陆交互相沉积。

3.4　地质构造

浙江省坐落于两大构造单元之上，浙西北处于扬子准地台之东南缘，以褶皱、断裂发育为特征；浙东南则属华南褶皱系，断裂及中生代盆地构造发育。

3.5　区域稳定性与地震

据《浙江省历史地震年表》统计，浙江省自公元288年有地震记载以来，共发生约327次有感地震，其中2.0～2.9级200次，3.0～3.9级91次，4.0～小于4.75级23次，大于4.75级13次。浙江省地震具有震级小、强度弱、频度低的特征，区域稳定性总体较好。

3.6　浙江省地质灾害概况

浙江省是中国东部沿海经济比较发达的一个省份，近年来由于全省社会经济的飞速发展，各种工程建设活动日益增多，某些不规范的建设活动，对地质环境的破坏日趋严重，加上近几年气候异常，造成地质灾害频繁发生，给全省的经济建设和人民生命财产带来了极大的危害。浙江省的地质灾害主要有崩塌、滑坡、泥石流、地面塌陷和地面沉降等几种。

迄今为止，据现有资料统计，全省共发现地质灾害点5721处，其中滑坡3609处，约占63.1%；崩塌1626处，约占28.4%；泥石流259处，约占4.5%；地面塌陷215处，约占3.8%。由于浙江人口密度大，经济发展快，虽然灾害规模小，但造成的人员伤亡和经济损失却很大。近几年，每年因地质灾害造成的人员伤亡均在数十人以上，经济损失上亿元。

4. 浙江省石窟造像赋存主要岩体特征

4.1　凝灰岩（火山灰屑岩）

凝灰岩是浙江省内分布最广泛、最常见的一种细粒火山碎屑岩。碎屑主要表现为岩屑、晶屑、玻屑和火山灰，其碎屑粒径一般小于2.0毫米，外貌疏松多孔有粗糙感。经过分析检测发现，浙江凝灰岩以中酸性和酸性凝灰岩最为典型，岩性化学成分主要为 SiO_2、Al_2O_3、K_2O 和 Na_2O 等。凝灰岩为多孔材料，孔隙率大，孔径大，外界水分和有害物质如酸性气体、尘埃、生物等极易进入，石刻经过长期风化，文物表面出现黏土化，呈现多孔、酥松、吸水性强、易脱落、内层出现缝隙、整体变形、强度下降的特点。

4.2 石灰岩

石灰岩主要由 50% 以上含量的碳酸钙（方解石矿物）或碳酸钙镁（白云矿物），或是两种矿物的混合物组成的一种沉积岩，俗称"青石"。石灰岩质地细腻，易于雕刻，但由于其组成主要是碳酸钙矿物，抗风化腐蚀能力较差。

4.3 花岗岩

花岗岩是一种深层的酸性火成岩，其主要矿物是石英和长石，颗粒纹理均匀，颗粒的结晶较大，主要化学成分包括 SiO_2、Al_2O_3、K_2O、Na_2O、CaO、FeO、Fe_2O_3、MgO 等。花岗岩质地坚硬致密、强度高、抗风化、耐腐蚀、耐磨损、吸水性低。

4.4 红砂岩

红砂岩主要由矿物和岩石颗粒胶结而成，其中有 60% 以上的石英颗粒，主要含硅、钙、黏土和氧化铁。红砂岩主要呈粒状碎屑结构和泥状胶结结构两种多空隙结构，其耐酸性较好，吸水性好。红砂岩因胶结物质和风化程度的差异，强度变化大。

5. 浙江省地质环境下的石窟造像病害特点与规律

5.1 浙江省各地区病害调查结果

5.1.1 杭州地区（46 处）

5.1.1.1 结构失稳病害统计显示存在机械裂隙 31 处、风化裂隙 19 处、原生裂隙 13 处、危岩体 13 处、断裂 1 处，病害严重或存在结构失稳隐患的有 14 处。杭州地区石窟造像岩性以石灰岩和凝灰岩为主，其中石灰岩材料性能相对较稳定，凝灰岩因为形成复杂多样，其岩体强度及稳定性差异较大。窟龛重力卸荷而发育的卸荷裂隙，是形成危岩体的主要原因；岩体机械裂隙的出现，主要是由于高等植物根系生长产生的劈裂作用所致。

5.1.1.2 渗漏病害统计显示存在面流水 20 处、裂隙渗水 17 处、凝结水 7 处。本体裂隙的存在和发育是裂隙渗水的主要原因。杭州地区造像点约一半存在面流水病害，主要是由于这些造像点大多开凿在依山一侧或两侧的陡崖上，处于露天环境，顶部无挡雨结构；而杭州地区造像点存在大量的机械裂隙、原生裂隙，这些岩石裂隙中的地下水，通过水岩作用侵蚀文物本体，基岩裂隙水沿裂隙及构造破碎带赋存并向临空面运移，对危岩体产生静水压力。

5.1.1.3　表层劣化病害统计显示主要存在缺损、剥落、结壳、斑迹、生物病害等类型。杭州地区造像受低等植物与微生物侵蚀严重，超过80%的造像存在低等植物与微生物损害，主要原因是杭州地区造像点大多处于露天环境，且大多存在水害，环境潮湿，易滋养苔藓、地衣等低等植物或微生物；由于水害存在，并经历长时间温湿度、大气、风力、日照等自然风化作用及酸雨侵蚀，导致杭州地区造像点产生剥落、空鼓等病害。20世纪60年代末，许多造像被人为破坏导致造像本体出现缺损。

5.1.2　台州地区

5.1.2.1　结构失稳病害统计显示存在风化裂隙7处、危岩体和机械裂隙各3处、断裂和原生裂隙各1处、病害严重或存在结构失稳隐患的有5处。台州地区石窟造像均为明清时期开凿；岩性为凝灰岩为主的火山碎屑岩，岩体强度及稳定性差异较大。重力卸荷而发育的卸荷裂隙是引起结构失稳的主要因素，其次岩体抗风化能力较差。

5.1.2.2　渗漏病害统计显示存在凝结水5处、裂隙渗水2处（其中1处较为严重）。本体裂隙的存在和发育是裂隙渗水的主要原因。台州地区地处沿海，水汽充足，而造像多在洞窟内，其小环境与露天自然环境反差较大，为石窟洞室凝结水的形成提供了条件；此外，多处的裂隙使岩土内部水汽运移比较活跃，也是凝结水形成的原因之一。

5.1.2.3　表层劣化病害统计显示主要存在缺损、剥落、结壳、斑迹、生物病害等类型。台州地区地处沿海，合适的温湿度环境使干湿循环作用频繁，表层岩石力学状态发生损伤破坏，加速了造像本体风化剥落损伤。这些石窟寺长年对外开放，当地居民在造像前摆放烛台、香炉以供祭祀之用，造像表面多烟熏斑迹以及烟灰积尘，且不及时清理。

5.1.2.4　其他病害统计显示普遍存在不当修补、重塑镀金的现象。由于保护理念及当地风俗上的差异，台州地区后期多为造像重塑镀金。同时，由于施工工艺落后，常常对造像采取简单的水泥修补，不仅存在色差影响美观，且最终会分解成对石质文物有害的盐分。

5.1.3　温州地区

5.1.3.1　结构失稳病害统计显示存在危岩体5处、风化裂隙4处、原生裂隙3处，机械裂隙2处，可能存在山体滑坡1处。除了近期修缮完成的2处省级文保单位外，其余5处均存在结构失稳隐患。

5.1.3.2　渗漏病害统计显示共存在面流水4处，其中3处较为严重。此4处均为摩崖造像，并无窟龛，顶部无任何挡雨设施。温州属沿海地区，多雨，雨水直接冲刷造像表面，水流的冲刷及裹挟作用将表面酥松的岩石颗粒、色泽矿物冲蚀掉，对表层岩石直接造成冲蚀破坏。

5.1.3.3　表层劣化病害统计显示主要存在剥落、斑迹、结壳、生物病害等类型，主要是由于面流水等渗漏病害引起。

5.1.4 绍兴地区

5.1.4.1 结构失稳病害统计显示存在机械裂隙 3 处，风化裂隙、危岩体和断裂各 1 处，病害严重或存在结构失稳隐患的有 2 处。绍兴地区 9 处石窟造像中有 5 处为省级及以上文保单位，近年来均已投入资金进行修缮，基本消除了安全隐患。

5.1.4.2 渗漏病害统计显示共存在面流水 3 处，其中苍岩牛头岩石刻较为严重，新昌大佛寺石弥勒像存在凝结水 1 处。绍兴地区夏季多雨，苍岩牛头岩石刻造像露天存放，顶部无任何挡雨设施，雨水直接冲刷造像表面，水流的冲刷及裹挟作用将表面酥松的岩石颗粒、色泽矿物冲蚀掉，对岩石表层直接造成冲蚀破坏。新昌大佛寺石弥勒像的长期凝结水，浸泡软化石窟岩体，加剧了岩体的风化破坏作用。

5.1.4.3 表层劣化病害统计显示存在剥落、空鼓、结壳等类型，比较严重的主要有新昌大佛寺石弥勒像、新昌千佛岩石窟造像、峰山道场遗址造像这 3 处。这 3 处文保单位岩性均为凝灰岩，岩体强度、成分及稳定性差异较大，当岩石表面力学状态发生损伤，尤其是抗拉强度降低，产生了平行于临空面的张拉性破坏形式或表层岩石胶结物流失或易风化矿物分解、蚀变，颗粒失去胶结联结作用，出现了片状剥落、粉末状剥落、空鼓等现象，这些病害将使文物失去其原有的艺术价值，难以复原。

5.1.4.4 其他病害统计显示普遍存在不当修补、重塑镀金的现象。由于保护理念及当地风俗上的差异，绍兴地区级别较低的造像多有重塑镀金现象。同时，由于施工工艺落后，常常对造像采取简单的水泥修补，不仅存在色差影响美观，且最终会分解成对石质文物有害的盐分。

5.1.5 宁波地区

5.1.5.1 结构失稳病害统计显示存在断裂、机械裂隙和风化裂隙各 2 处，危岩体和原生裂隙各 1 处，病害严重或存在结构失稳隐患的有 1 处。

5.1.5.2 渗漏病害统计显示共存在面流水 3 处，其中胡公岩摩崖石刻较为严重。宁波地区全年多雨，胡公岩摩崖石刻处于露天环境，虽然搭建了遮雨棚，但与岩壁相交处仍存在大面积缝隙，雨天时，无法阻挡崖顶地表水直接冲刷造像表面，将岩石表面的可溶性胶结物带走，增加了岩石表面孔隙率和疏松度，对岩石表层直接造成冲蚀破坏。

5.1.5.3 表层劣化病害统计显示主要存在剥落、结壳、斑迹、生物病害等类型。造像位于沿海地区，空气富含氯离子，加之造像挡雨措施不完善，加速了由于水解反应或溶解而形成的坑窝或沟槽状的出现以及化学风化产生新的生成物；摩崖造像长年对外开放，当地居民在造像前摆放烛台、香炉以供祭祀之用，造像表面多烟熏斑迹以及烟灰积尘。

5.1.5.4 其他病害统计显示普遍存在重塑镀金的现象。由于保护理念及当地风俗上的差异，当地信徒多为造像重塑镀金。

5.1.5.5 目前，达蓬山摩崖石刻正处于工程保护阶段。

5.1.6 舟山地区

5.1.6.1 结构失稳病害统计显示存在原生裂隙、断裂和危岩体各 2 处，机械裂隙、风化裂隙各 1 处，病害严重或存在结构失稳隐患的有 2 处。

5.1.6.2 渗漏病害统计显示共存在面流水 3 处，其中珠宝岭北摩崖石刻较为严重。3 处石造像均处于露天环境，雨天时，无法阻挡崖顶地表水直接冲刷造像表面，将岩石表面的可溶性胶结物带走，增大了岩石表面孔隙率和疏松度，对岩石表层直接造成冲蚀破坏。

5.1.6.3 表层劣化病害统计显示主要存在剥落、结壳、斑迹、生物病害等类型。造像所处沿海地区，空气富含氯离子，加速了由于水解反应或溶解而形成的坑窝或沟槽状的出现以及化学风化产生新的生成物；摩崖造像长年对外开放，当地居民在造像前摆放烛台、香炉以供祭祀之用，造像表面多烟熏斑迹以及烟灰积尘。

5.1.7 金华地区

5.1.7.1 结构失稳病害统计显示存在机械裂隙 2 处、原生裂隙和风化裂隙各 1 处，病害严重或存在结构失稳隐患的有 1 处。

5.1.7.2 渗漏病害统计显示共存在面流水 3 处，其中石屏岩造像和殿里红岩石佛 2 处较为严重，同时石屏岩造像存在裂隙水 1 处。

5.1.7.3 表层劣化病害统计显示主要存在剥落、空鼓、结壳、生物病害等类型，比较严重的有石屏岩造像和殿里红岩石佛这 2 处。金华地区四季分明，冬夏温差大，夏季天气湿热，冬季寒冷干燥，造像易受温差循环、干湿循环作用。且常年经受风化作用，风化过程中次生盐类的结晶作用影响较大，表层岩石力学状态发生损伤破坏，尤其是抗拉强度降低，从而诱发层片状剥落。

5.1.8 衢州地区

5.1.8.1 调查统计显示魏家村石窟造像结构失稳病害严重，造像赋存体为泥质粉砂岩，材料性能较差，造像本体存在较大的结构失稳风险，同时存在较严重的渗漏病害和表层劣化病害。

5.1.8.2 目前，魏家村石窟造像正处于工程保护阶段。

5.1.8.3 调查统计显示，后祝村石刻观音露天保存，存在较多的表层劣化病害。

5.1.9 湖州地区

5.1.9.1 调查统计显示，城山古城遗址石造像露天保存，存在较多的表层劣化病害。

5.1.9.2 石佛寺石观音造像由于位于室内，保存条件较好，病害较轻。

5.2 浙江省病害特点分析

通过对全省 87 处石窟造像的现场调查与综合分析发现，浙江省石窟造像目前存在的主要病害类型为原生裂隙、机械裂隙与断裂引起的危岩体病害，以面流水、裂隙水、冷凝水为主的渗漏病害以及以剥落、结壳、斑迹、生物病害为主的表层劣化病害，产生这些主要病害与石窟造像的岩体性质、地质环境、保存条件密切相关。

5.2.1 结构失稳病害

全省 87 处调查结果中，近一半的石窟造像存在结构失稳病害，主要以各类裂隙引起的小型危岩体为主。总结原因主要如下：

5.2.1.1 全省由于大地构造单元的属性不同，造成了明显的地层分区特性，因而在岩性、岩相、岩石组合及变质程度等方面存在明显差异。

5.2.1.2 由于强烈的地质构造作用，再加上窟龛重力卸荷而发育的卸荷裂隙与各种节理发育，将边坡岩体切割成许多碎块，破坏了岩体的整体性，从而产生崩塌风险。

5.2.1.3 大量的层面裂隙和风化裂隙也具有切割面和滑移面的破坏作用，致使石窟寺和摩崖所在边坡的岩体形成了可能变形、滑移、崩塌、错落的小型分离体。

5.2.1.4 本次调查统计，高等植物产生的病害也相对普遍，植物根系会沿着裂缝往下不断发展，使裂缝不断扩大，根劈作用加速了小型危岩体的形成。调查发现的危岩体中，部分由于植物根劈作用导致，由此可知，危岩体周围的植物是破坏石窟及周围岩体整体稳定性的祸根之一。

5.2.2 渗漏病害

全省 87 处调查结果中，面流水病害较为常见；而窟龛内的造像表面大多存在凝结水病害，系窟龛内外温差、湿度变化所致；裂隙渗水出现较少，多由造像原生裂隙处渗出。总结原因主要如下：

5.2.2.1 浙江省气候温暖湿润，四季分明，雨量充沛，尤其是沿海地区及山区，常年湿度在70% 以上，4～9 月的汛期和梅雨季节，湿度更是高达 90% 以上。

5.2.2.2 浙江省内以摩崖造像（或部分带窟龛）居多，且大多露天存放，崖顶周围无截排水措施，崖顶也无挡雨挡水设施，雨水和地表水长年直接冲刷造像表面。

5.2.2.3 凝结水病害主要存在于沿海地区和山区的窟龛内造像表面，主要由于窟龛内外温差、湿度变化较大所致。此次调查的石窟造像基本都为露天条件保存，洞窟内微环境与露天自然环境反差较大，夏季空气湿度、温度急剧变化，为石窟洞室凝结水的形成提供了条件。裂隙渗水的出现，主要由于岩石构造原因，地下水从裂隙中渗出，侵蚀岩体。

5.2.3 表层劣化病害

全省 87 处调查结果中，造像普遍受低等植物与微生物侵蚀严重，另外缺损、剥落、表面溶蚀、结垢、结壳以及斑迹等病害也比较常见。总结原因主要如下：

5.2.3.1 浙江省的气候特点以及石窟造像温湿的赋存环境，为植物与微生物的生长提供了非常适宜的环境。

5.2.3.2 浙江省内石窟造像石质构成比较复杂，存在较多的层状结构，并含有各类一定厚度的泥质胶结物夹层，易被冲刷、溶蚀，孔隙率也较大，最终导致耐风化能力较弱。

5.2.3.3　浙江省内石窟造像多处于沿海地区和山区，部分地区湿度变化达50%以上，极端最高气温和极端最低气温温差较大，较长的霜冻期以及较大的温湿度差异为干湿循环和冻融循环破坏提供了条件。

5.2.3.4　水害的普遍存在，微生物在生长过程中分泌的有害物质对岩石表层的长期腐蚀，大气中的有害气体如二氧化硫、二氧化碳、氮氧化物和粉尘等污染源，再加上许多造像开凿年代久远，经历长时间自然风化作用，导致本体产生剥落、表面溶蚀、结垢以及结壳等典型病害。

5.2.3.5　新中国成立初期的特殊年代，部分地理位置便利的石窟造像被人为破坏的现象比较严重；而改革开放后，部分富裕地区乡镇的信徒用不成熟的技术对造像实施重塑、修补以及镀金。此外，由于城市发展需要，在一些造像点周围常有基础设施建设，其间，由于操作不当易导致造像被损坏或污染。

5.2.3.6　石窟造像大都长年开放管理，当地民众信徒常在造像前摆放烛台、香炉，造像表面长期受烟熏、烟灰积尘。

6. 浙江省石窟造像工程保护工作建议

6.1　科学研究层面

加强石窟造像考古方法研究，利用现代检测技术和测绘技术，不断优化石窟造像考古方法，充实石窟造像断代依据，丰富考古成果形式，促进石窟造像考古成果的出版；加强石窟造像岩体失稳机理研究；加强石窟造像岩体渗水机制问题研究；加强石窟造像岩体表层劣化机理与评价方法问题研究。

6.2　技术研究层面

加强石窟造像病害精准无损勘察技术和评估方法研究；加强浙江省内常见石窟造像浅表层岩体加固技术、散状危岩体治理技术研究等；加强石窟造像赋存岩体复杂裂隙网络灌浆材料的制备技术及灌浆参数自适应调控技术；加强石窟造像岩体稳定性评估方法与稳定性检测技术研究，构建石窟岩体稳定性评估和预测系统；加强适用于浙江省环境条件和岩性的石窟造像本体修复加固材料和防风化保护材料的研发，以无机硅酸盐材料或无机及有机复合材料为优选方向和发展趋势；开展石窟造像窟檐保护研究，窟檐保护措施应该以改善石窟造像保存环境为目的，结合建筑学、考古学、美学、景观学、小环境监测等专业综合设计和评估。

6.3 工程实践研究层面

选择省内部分有代表性的高保护等级石窟造像开展示范工程，石窟造像保护工程应以传统工艺为基础，以科技手段为依托，研究性保护思维贯穿始终；石窟造像保护应转向研究性保护和预防性保护工作，需要政策（资金）的支持与管理单位的重视和配合；鼓励出版有代表性的优秀石窟造像修缮工程报告。

6.4 政策研究层面

搭建好政、产、学、研融合平台，利用高校、科研院所和高新技术企业的人才资源，鼓励多方式合作，不断加强省内石质文物保护科学研究力量。加强浙江石窟造像数据库建设工作，以本次石窟寺调查工作为契机，进一步充实调查成果。与省科技厅联合设立浙江石窟造像专项科研项目，重点突破一批适用浙江石窟造像保护的关键问题与技术。组织编制浙江石窟造像危害性分级及评估标准。加强浙江省内石窟造像保护专业技术队伍建设。目前省内具有石窟寺和石刻文物保护工程乙级资质的设计单位只有2家，具有石窟寺和石刻文物保护工程二级资质的施工单位只有3家，具有石窟寺和石刻文物保护工程监理资质的单位也只有2家。与石窟寺及石刻保护工作需求相比，石窟寺及石刻人员力量非常薄弱，远远不能满足保护任务的需求。

附：本书图例说明

为便于统计并区分病害类型，我们根据规范梳理了每种病害的图示符号，在文物照片相应部位标注，详见下图。

		石质文物病害图示			
编号	图示	名称	编号	图示	名称
01		断裂	08		粉化
02		机械裂隙	09		空鼓
03		原生裂隙	10		层片状剥落
04		风化裂隙	11		动物损害
05		局部缺失	12		低等植物损害
06		表面溶蚀	13		积尘
07		酥碱与泛盐	14		水锈结壳

第一章

杭州地区石窟造像病害调查

第一节　杭州西湖北山石窟造像

1. 大石佛院造像

1.1 概况

大石佛院造像位于西湖区西湖街道栖霞岭社区宝石山麓北山路 25 号旁岩壁上，依山面湖，坐北朝南。地处北山路 25 号居民住宅的院子内，背山面水，前临北山路，外部交通方便。地理坐标：北纬 30°15′44.6″，东经 120°8′45.1″，海拔 29 米。大石佛院造像，属宝石山 - 葛岭低山丘陵区，所在区域的地质构造属扬子准地台东部钱塘台褶带，为燕山旋回小型构造火山盆地，岩类为火成岩。根据大石佛院造像现场勘察推测，造像所处岩体岩性为流纹岩。

大石佛院造像为杭州市市级文物保护单位，始刻于北宋宣和年间（1119—1125）。主要病害类型有结构失稳、渗漏及表层劣化，病害分布如图 1-1 至图 1-5。

图 1-1　第一龛病害分布图

图1-2 第二龛病害分布图

图1-3 第三龛病害分布图

图1-4 第四龛病害分布图

图1-5 第五龛病害分布图

1.2 结构失稳病害

本体裂隙失稳病害 第一龛佛像头部右侧有一条长约520毫米、宽约18毫米的机械裂隙，头部有一条与佛首宽度等长且宽约13毫米的原生裂隙，佛像额头部分有一条长约417毫米、宽约10毫米的原生裂隙（如图1-1）；第二龛上部有一条长约600毫米、最宽处约15毫米的机械裂隙，右侧有两条机械裂隙，上方的裂隙长约610毫米、最宽处约22毫米，下方的裂隙长约423毫米、宽约19毫米。佛像下半部有一条长约764毫米、宽约11毫米的机械裂隙，两条长约504毫米、宽约3毫米的风化裂隙，左侧还有一条长约704毫米、宽约25毫米的机械裂隙（如图1-2）；第三龛存在十条风化裂隙，其中最长的一条在佛像左下方位置，长约540毫米，宽约3毫米（如图1-3）；第五龛左侧存在一条长约412毫米、宽约7毫米的机械裂隙，右侧存在一条长约447毫米、宽约6毫米的机械裂隙，以及两条从第五龛中间底部位置开始向上发展至中点后分别向左上方和右上方发育的风化裂隙，左侧裂隙长约478毫米、最宽处约13毫米，右侧裂隙长约700毫米、最宽处与左侧裂隙一样（如图1-5）。

1.3 渗漏病害

1.3.1 面流水 第一龛半身佛像右侧及顶部各存在一处面流水病害（如图1-6）。

1.3.2 裂隙渗水　　第三龛造像左上方存在一处裂隙渗水病害（如图1-7）。

图 1-6　面流水　　　　　　　　　　　　图 1-7　裂隙渗水

1.4 表层劣化病害

主要为缺损、剥落、表面溶蚀、空鼓、附积、高等植物损害、低等植物与微生物损害七类病害。

1.4.1 缺损　　第一龛半身佛像头部多处缺损（如图1-8）。

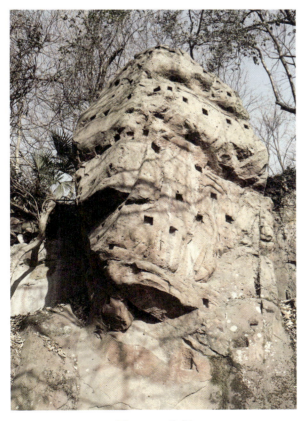

图 1-8　缺损　　　　　　　　　　　　图 1-9　层状剥落

1.4.2 **剥落**　　第一龛半身佛像左侧存在层状剥落病害（如图1-9）。

1.4.3 **表面溶蚀**　　第一龛半身佛像后方存在表面溶蚀病害（如图1-10）。

1.4.4 **空鼓**　　第五龛表面存在空鼓病害（如图1-11）。

1.4.5 **附积**　　造像岩体存在多处附积病害。

1.4.6 **高等植物损害**　　造像顶部岩体有多处植物根系生长（如图1-1）。

1.4.7 **低等植物与微生物损害**　　苔藓等低等植物分布于大石佛院造像第一龛底部及第二龛表面，病害面积约占第一龛面积的30%，约占第二龛面积的20%（如图1-12）。

1.5 其他病害

1.5.1 **人为破坏**　　第二龛、第四龛及第五龛造像曾遭受人为毁坏，表面残损严重（如图1-2）。

1.5.2 **其他**　　第一龛半身佛像底部存在后加的铁箍（如图1-13）。

图1-10　表面溶蚀

图1-11　空鼓

图1-12　低等植物与微生物损害

图1-13　后加的铁箍

2. 宝石山造像

2.1 概况

宝石山造像位于西湖区北山街道宝石社区宝石山下一弄坚匏别墅以西岩壁上，坐南朝北。地理坐标：北纬 30°15′44.8″，东经 120°8′41.4″，海拔 33 米。宝石山造像地形单元属宝石山 – 葛岭低山丘陵区，所在区域的地质构造属扬子准地台东部钱塘台褶带，为燕山旋回小型构造火山盆地，岩类为火成岩。根据宝石山造像现场勘察推测，造像所处岩体岩性为流纹岩。

宝石山造像为杭州市文物保护点，始刻于元代，鼎盛于明代。主要病害类型有结构失稳及表层劣化。由于宝石山龛窟数量多，本部分内容重点描述病害严重的龛窟，病害分布如图 1-14 至图 1-20。

图 1-14　第四龛病害分布图

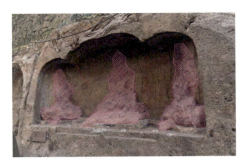

图 1-15　第五龛病害分布图

图 1-16　第六龛病害分布图

图 1-17　第七龛病害分布图

图 1-18　第十三龛病害分布图　　　　图 1-19　第十六龛病害分布图

图 1-20　第二十龛病害分布图

2.2 结构失稳病害

本体裂隙失稳病害　　第四龛结跏趺坐佛像右侧有一道长约 90 毫米、宽约 4 毫米的风化裂隙（如图 1-14 标红处）；第五龛坐佛与左胁侍之间存在一道长约 39 毫米、宽约 5 毫米的风化裂隙（如图 1-15 标红处）；第六龛结跏趺坐佛像右侧有一道长约 57 毫米、宽约 5 毫米的风化裂隙，一道长约 158 毫米、宽约 10 毫米的机械裂隙（如图 1-16 标红处）；第七龛结跏趺坐佛像左侧有一道长约 180 毫米、最宽处约 80 毫米的机械裂隙，右侧有两道机械裂

图 1-21　第七龛机械裂隙

隙，一道从岩体底部贯穿至第七龛造像右下方宽约 10 毫米的机械裂隙（如图 1-21），另一道长约 360 毫米、宽约 14 毫米（如图 1-17 标红处）；第十三龛造像右侧有一道长约 770 毫米、宽约 34 毫米的机械裂隙（如图 1-18 标红处）；第十六龛造像下半部分有一道长约 690 毫米、宽约 14 毫米的机械裂隙（如图 1-19 标红处）；第二十龛造像左侧有一道长约 108 毫米、宽约 27 毫米的机械裂隙（如图 1-20 标红处）。目前暂无结构失稳风险。

2.3 表层劣化病害

主要为缺损、剥落、表面溶蚀、空鼓、附积、高等植物损害、低等植物与微生物损害七类病害。

2.3.1 缺损　　除了第七龛与第八龛，其余造像都存在缺损病害（如图 1-22）。

2.3.2 剥落　　岩体多处存在剥落病害，面积约占岩体的 30%（如图 1-23）。

图 1-22　缺损

图 1-23　片状剥落

2.3.3 表面溶蚀　多个龛都存在溶蚀病害，例如第五龛造像右上方位置（如图1-24、图1-25）。

图1-24　表面溶蚀　　　　　　　　　　　　　图1-25　表面溶蚀

2.3.4 空鼓　第十四龛造像岩体右侧存在空鼓现象（如图1-26）。

2.3.5 附积　造像岩体存在多处附积病害。

2.3.6 高等植物损害　顶部岩体有较多树木生长，在第一龛左上方、第九龛右上方、第十七龛正上方、第二十一龛正上方共有五处植物根系生长（如图1-27）。

2.3.7 低等植物与微生物损害　第十四龛底部及第十八龛表面存在苔藓等病毒，病害面积分别约占第十四龛面积的5%、第十八龛总面积的20%。

图1-26　第十四龛空鼓　　　　　　　　　　图1-27　第十七龛高等植物损害

2.4　其他病害

2.4.1 不当修复　第十六龛到第二十一龛区域存在不当修补现象（如图1-28至图1-33）。

2.4.2 人为破坏　宝石山大部分窟龛均于20世纪60年代被凿毁。

图 1-28　第十六龛造像不当修补

图 1-29　第十七龛造像不当修补

图 1-30　第十八龛造像不当修补

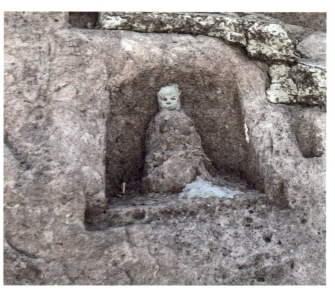

图 1-31　第十九龛造像不当修补

图 1-32　第二十龛造像不当修补

图 1-33　第二十一龛造像不当修补

3. 紫云洞西方三圣造像

3.1 概况

紫云洞西方三圣造像位于西湖区北山街道宝石山绿道 1 号线杭州西湖风景名胜区。地理坐标：北纬 30°15′37.7″，东经 120°7′59.3″，海拔 91 米。紫云洞西方三圣造像所在地的地形单元属宝石山 – 葛岭低山丘陵区，为燕山旋回小型构造火山盆地，岩类为火成岩。根据现场勘察推测，造像所处岩体岩性为流纹岩。

西方三圣造像龛呈三瓣花状，龛内下部有连通式的仰莲束腰基座，基座上雕立佛与二胁侍菩萨像，三像均为信徒以现代拙劣的手法重塑，并在表面涂彩。龛室上方有"云根净土"横匾，左侧岩壁上有"南无观世音菩萨，南无阿弥陀佛，南无大势至菩萨"题记。

紫云洞西方三圣造像目前尚未核定为保护单位，为本次石窟寺与摩崖造像专项调查中新发现的文物点，雕凿于清宣统元年（1909）。主要病害类型有渗漏及表层劣化，病害分布如图 1-34。

图 1-34　病害分布图

3.2 渗漏病害

裂隙渗水 　离造像较远处窟龛顶部存在一处裂隙渗水（如图 1-35）。

3.3 表层劣化病害

主要为剥落、斑迹两类病害。

3.3.1 剥落 　造像左侧岩壁出现大面积层片状剥落病害，剥落处岩石颜色较浅（如图 1-36）。

3.3.2 斑迹 　造像下方基座及上方题刻表面均涂有颜料，基座的莲台花瓣上存在明显的烟熏痕迹（如图 1-37）。

3.4 其他病害

3.4.1 重塑镀金 　造像表面塑金身（如图 1-37）。

3.4.2 不当修复 　造像右侧题刻存在水泥修补痕迹（如图 1-34）。

图 1-35　裂隙渗水

图 1-36　剥落

图 1-37　斑迹

4. 金鼓洞佛像

4.1 概况

金鼓洞佛像位于西湖区北山街道曲院社区栖霞岭金鼓洞。地理坐标：北纬 30°15′43.8″，东经 120°7′54.2″，海拔 95.95 米。金鼓洞造像所在区域为葛岭低山丘陵区，地质构造属扬子准地台东部钱塘台褶带，为燕山旋回小型构造火山盆地，岩类为火成岩。根据金鼓洞造像现场勘察推测，造像所处岩体岩性为流纹岩。

金鼓洞佛像为本次石窟寺与摩崖造像专项调查中新发现的文物点，现存龛窟三个，摩崖造像共五尊，分别为老君像和童子像、佛像、观音像和善才像，造像雕凿年代为清代。主要病害类型有结构失稳、渗漏及表层劣化。病害分布如图 1-38、图 1-39。

4.2 结构失稳病害

本体裂隙失稳病害　老君像左侧有三条机械裂隙，左侧较长的一条长约 1210 毫米、最宽处约 10 毫米，另两条长度相似，约 720 毫米，其中上方的裂隙最宽处约 11 毫米，下方的裂隙宽约 4 毫米。老君像上方存在一条长约 2391 毫米、宽约 24 毫米的机械裂隙（如图 1-39）。目前暂无结构失稳风险。

图 1-38　佛像病害分布图

图 1-39　老君像病害分布图

图 1-40　面流水

图 1-41　裂隙渗水

图 1-42　低等植物与微生物损害

4.3　渗漏病害

4.3.1　面流水　老君像顶部存在一处面流水（如图 1-40）。

4.3.2　裂隙渗水　老君像左侧顶部存在一处裂隙渗水（如图 1-41）。

4.4　表层劣化病害

主要为结壳、低等植物与微生物损害两类病害。

4.4.1　结壳　老君像左侧存在结壳病害，面积约占岩体表面的 10%（如图 1-40）。

4.4.2　低等植物与微生物损害　老君像外左上方裂隙周围生长了苔藓、地衣等低等植物，病害面积约为 2 平方米（如图 1-42）。

4.5　其他病害

重塑镀金　三龛内的造像存在随意涂抹油饰的现象（如图 1-43）。

图 1-43　油饰

5. 黄龙洞慧开半身像

5.1 概况

黄龙洞慧开半身像位于西湖区北山街道栖霞岭后黄龙洞内的黄大仙洞。地理坐标：北纬 30°15′51.4″，东经 120°8′8.5″，海拔 5 米。黄龙洞慧开半身像所在区域为葛岭低山丘陵区，地质构造属扬子准地台东部钱塘台褶带，为燕山旋回小型构造火山盆地，岩类为火成岩。根据黄龙洞慧开半身像现场勘察推测，造像所处岩体岩性为流纹岩。

黄龙洞慧开半身像为本次石窟寺与摩崖造像专项调查中新发现的文物点，现存龛窟一个。摩崖造像已毁。造像雕凿年代为南宋晚期。主要病害类型为表层劣化。病害分布如图 1-44。

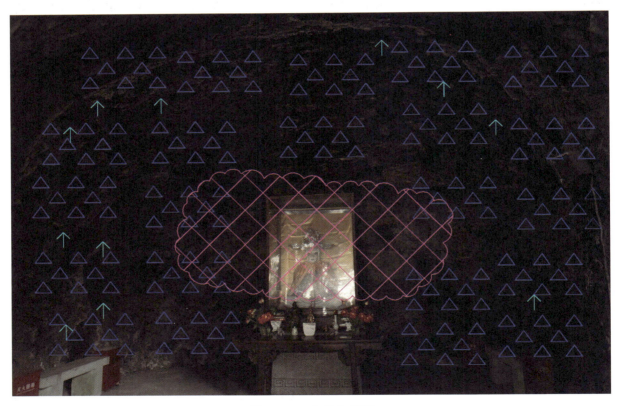

图 1-44　病害分布图

5.2 表层劣化病害

主要为缺损、斑迹、低等植物与微生物损害三类病害。

5.2.1 缺损　　现存龛窟一个。造像于 20 世纪 60 年代遭人为毁坏，仅存洞窟（如图 1-45）。

5.2.2 斑迹　　由于游客烧香拜佛导致的烟熏污染，洞窟内的岩壁上存在烟熏现象（如图 1-46）。

5.2.3 低等植物与微生物损害　　黄龙洞周围岩体生长了苔藓、地衣等低等植物，面积约占龛窟面积的 20%（如图 1-47）。

5.3 其他病害

杂物堆积　　洞窟内的石台后方有杂物堆积，部分杂物堆靠在岩体上（如图 1-48）。

图 1-45　缺损

图 1-46　烟熏

图 1-47　低等植物与微生物损害

图 1-48　杂物堆积

6. 飞来峰造像

6.1 概况

    飞来峰造像位于西湖区西湖街道灵隐社区灵隐景区飞来峰上，造像分布在北麓山崖及自然洞壑中。地理坐标：北纬30°14′30.6″，东经120°6′0.5″，海拔60米。飞来峰造像区所在山体飞来峰在地形单元上为由碳酸盐岩构成的独立低山丘陵，山体两侧沟谷发育，梅灵溪与冷泉溪汇集于飞来峰东北端灵隐寺出口。由于长期溶蚀作用，使得飞来峰北麓山体溶洞、溶沟、溶槽等喀斯特地貌发育，大的溶洞有沿冷泉溪南岸的龙泓洞、呼猿洞等。地层为石炭系船山组灰岩，灰色—深灰色灰岩，局部含生物屑灰岩，层状、巨厚层状结构，岩质坚硬，局部溶蚀作用强烈，含方解石脉，方解石脉网状分布，岩类为沉积岩。根据飞来峰造像现场勘察推测，造像所处岩体岩性为石灰岩。

    飞来峰造像现存龛窟一百一十三个，造像共三百四十五尊。题材包括观音、西方三圣、华严三圣、卢舍那佛会、释迦、无量寿、佛母、金刚等。造像雕凿年代从五代至明代。飞来峰造像为

图1-49　二号龛西方三圣像病害分布图

第二批全国重点文物保护单位。由于飞来峰造像龛窟数量多，本部分内容重点描述病害严重的龛窟。飞来峰造像主要病害类型有结构失稳、渗漏及表层劣化，病害分布如图1-49至图1-59。

6.2 结构失稳病害

在飞来峰现存的大量窟龛中，原生裂隙、风化裂隙、机械裂隙、断裂裂隙均出现于窟龛表面及周围。其中三号龛、五号龛、八号龛、九号龛、十五号龛至二十三号龛、二十九号龛至三十七号龛、四十六号龛至五十三号龛、五十六号龛至六十号龛、六十四号龛至六十八号龛、七十五号龛至八十号龛、八十三号龛至八十五号龛、九十号龛至九十二号龛、九十四号龛、九十七号龛至一百号龛等龛窟造像存在风化裂隙切割，计约九十八处。飞来峰造像三十三号龛造像本体以及七十九号龛、九十一号龛旁则存在较大裂缝，推测原因为岩体受力不均匀加上大气营力作用以及植物根系生长的影响，导致岩体内结构面切割，可能存在结构失稳。

6.3 渗漏病害

飞来峰造像存在多处渗漏病害，其中约有八十五处面流水病害，九处裂隙渗水病害以及若干处毛细水病害与凝结水病害。例如飞来峰造像一号龛至五号龛、六号龛至九号龛、十六号龛至十八号龛、二十二号龛至二十四号龛、二十八号龛至四十八号龛、五十一号龛至五十六号龛、

图1-50　三号龛华严三圣像病害分布图

图 1-51　五号龛卢舍那佛会浮雕病害分布图

图 1-52　九号龛十八罗汉像病害分布图

图 1-53　十号龛西方三圣像病害分布图

图 1-55　二十三号龛青头观音坐像病害分布图

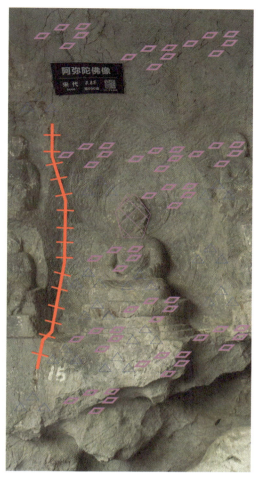

图 1-54　十五号龛阿弥陀佛像病害分布图

图 1-56　二十四号龛十八罗汉像病害分布图（第 5、6、7 尊）

图 1-57　二十八号龛六祖像南侧病害分布图

图 1-58　二十八号龛六祖像北侧病害分布图

五十八号龛至一百号龛等龛窟造像表面及周围存在明显的面流水痕迹，三十五号龛、五十九号龛、六十八号龛、七十五号龛、七十七号龛、八十二号龛、八十五号龛、九十二号龛、九十八号龛造像表面存在裂隙渗水现象（如图 1-60、图 1-61）。

图 1-59　四十六号龛玄奘取经浮雕病害分布图

6.4　表层劣化病害

飞来峰造像存在缺损、剥落、表面溶蚀、空鼓、皲裂、划痕、结垢、结壳、附积、斑迹、高等植物损害、低等植物与微生物损害等多类表层劣化病害。粉末状剥落病害面积约占飞来峰造像总面积的 60%。其中九十三号龛、九十八号龛中的造像表面起翘及空鼓现象较为明显，病害面积约占九十三号龛面积的 10%、九十八号龛面积的 5%。在飞来峰造像三十五号龛旁、九十四号龛上方岩体有较多杂草、灌木、藤蔓生长。苔藓等低等植物分布于一号龛至九号龛、十二号龛、十六号龛至二十四号龛、二十八号龛至四十八号龛、五十一号龛至一百号龛等龛窟造像表面及周围，病害面积约占以上九十龛总面积的 10%（如图 1-62 至图 1-65）。

6.5　其他病害

6.5.1　不当修复　飞来峰造像十号龛等表面修补痕迹明显。

6.5.2　人为破坏　飞来峰造像六号龛至二十一号龛、二十三号龛、二十七号龛至二十八号龛、三十一号龛、四十号龛至四十一号龛、四十七号龛至四十九号龛、五十九号龛、六十八号龛、七十八号龛、九十一号龛、九十九号龛等龛造像曾受人为毁坏。

图 1-60　裂隙渗水

图 1-61　面流水

图 1-62　缺损

图 1-63　斑迹

图 1-64　高等植物损害

图 1-65　低等植物与微生物损害

第二节 杭州西湖南山石窟造像

7. 四牌楼道教造像

7.1 概况

四牌楼道教造像位于上城区紫阳街道元宝心吴山景区。地理坐标：北纬 30°14′19.4″，东经 120°9′43.2″，海拔 29 米。四牌楼道教造像所在区域的地层为石炭系船山组灰色－灰黑色灰岩，局部含紫红色粗晶灰岩，岩类为沉积岩。根据四牌楼道教造像现场勘察推测，造像所处岩体岩性为石灰岩。

四牌楼道教造像现存龛窟一个，摩崖造像共两尊，为本次石窟寺与摩崖造像专项调查中新发现的文物点，造像雕凿年代推测为明代。主要病害类型有结构失稳、渗漏及表层劣化，病害分布如图 1-66。

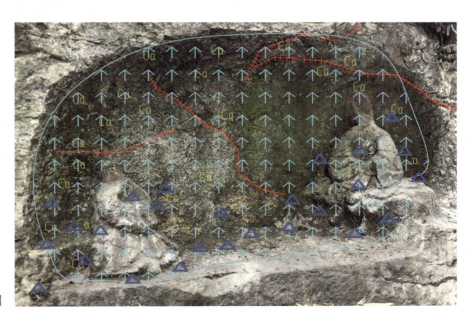

图 1-66 病害分布图

7.2 结构失稳病害

本体裂隙失稳病害　左侧造像头部上方有一条机械裂隙，长约 664 毫米，宽约 14 毫米。两尊造像之间存在一条长约 1568 毫米、宽约 16 毫米的机械裂隙。右侧造像顶部存在两条机械裂隙，一条长约 1158 毫米、宽约 18 毫米，另一条长约 1820 毫米、宽约 62 毫米（如图 1-66）。四牌楼道教造像目前暂无结构失稳风险。

7.3 渗漏病害

面流水　造像存在面流水病害，病害面积约占龛窟面积的 60%（如图 1-67）。

7.4 表层劣化病害

主要为缺损、剥落、附积、低等植物与微生物损害四类病害。

7.4.1 缺损　左右两尊造像的头部皆缺损（如图 1-67）。

7.4.2 剥落　造像及题刻皆存在粉末状剥落病害（如图 1-68）。

7.4.3 附积　造像岩体存在附积病害。

7.4.4 低等植物与微生物损害　龛窟上存在大面积低等植物与微生物病害，病害面积约占龛窟面积的 40%（如图 1-67）。

图 1-67　面流水

图 1-68　粉末状剥落

8. 石观音阁旧址造像

8.1 概况

石观音阁旧址造像位于上城区紫阳街道十五奎巷社区吴山瑞石山元宝心 67 号，宝成寺北上 20 米。地理坐标：北纬 30°14′11.9″，东经 120°9′42.3″，海拔 60 米。石观音阁旧址所在区域的地层为石炭系船山组灰色－灰黑色灰岩，局部含紫红色粗晶灰岩，岩类为沉积岩。根据石观音阁旧址现场勘察推测，造像所处岩体岩性为石灰岩。

石观音阁旧址造像有龛窟一个，现存摩崖造像五尊。石观音阁旧址为第三次全国文物普查不可移动文物登录点，建筑约始建于清初，其内造像雕刻年代为五代吴越至明。主要病害类型有结构失稳、渗漏及表层劣化，病害分布如图 1-69。

图 1-69 石观音像病害分布图

8.2 结构失稳病害

本体裂隙失稳病害 观音坐像左侧存在两条机械裂隙，左侧的长约 1090 毫米，宽约 11 毫米；右侧的长约 257 毫米，宽约 10 毫米。观音坐像左侧存在两条原生裂隙，左下方的长约 1480 毫米，宽约 32 毫米；左侧的长约 728 毫米，宽约 160 毫米。观音坐像周围存在多条风化裂隙，最长的一条长约 729 毫米，宽约 14 毫米。石观音阁旧址造像目前暂无结构失稳风险。

8.3 渗漏病害

裂隙渗水　　石观音阁旧址殿内洞窟观音坐像龛内顶部右侧存在裂缝，出现一处裂隙渗水病害（如图1-70）。

8.4 表层劣化病害

主要为缺损、斑迹两类病害。

8.4.1 缺损　　观音坐像左侧的几尊罗汉像及周围窟龛均存在缺损现象（如图1-71、图1-72）。

8.4.2 斑迹　　观音坐像左侧岩面上出现烟熏污染，病害面积约占窟龛面积的5%（如图1-73）。

8.5 其他病害

8.5.1 不当修复　　观音坐像头部为后期补雕，两侧崖壁处所镌的数尊形态各异的小佛像于20世纪60年代毁坏，后期采用水泥对其进行修补（如图1-71）。

8.5.2 人为破坏　　观音坐像两侧崖壁处原镌有数尊形态各异的罗汉像，在20世纪60年代遭毁。

图1-70　裂隙渗水

图1-71　缺损

图1-72　缺损

图1-73　斑迹

9. 百佛岩造像

9.1 概况

百佛岩造像位于上城区紫阳街道吴山景区感花岩。地理坐标：北纬 30°14′11.6″，东经 120°9′43.1″，海拔 60 米。吴山景区紫阳山属岩溶低丘地貌，地层为石炭系船山组灰色－灰黑色灰岩，局部含紫红色粗晶灰岩，岩类为石灰岩。

造像整体龛窟三个，第一、二两龛平行雕刻，第二龛所在岩石转角后雕刻有第三龛，左起第一龛含"皇帝万岁"题刻和百佛造像，第二龛根据残迹推断为佛像一铺。百佛岩造像为本次石窟寺与摩崖造像专项调查中新发现的文物点，造像雕凿年代不详。主要病害类型有结构失稳、渗漏及表层劣化，病害分布如图 1-74 至图 1-76。

图 1-74　第一龛病害分布图

图 1-75　第二龛病害分布图

图 1-76　第三龛病害分布图

9.2 结构失稳病害

本体裂隙失稳病害　　第一龛右下角存在一条长约 2000 毫米、宽约 80 毫米的机械裂隙（如图 1-77），第二龛右下角存在一条长约 1350 毫米、宽约 33 毫米的机械裂隙（如图 1-78），第三龛右下角存在一条长约 640 毫米、宽约 22 毫米的机械裂隙（如图 1-79），这些可能产生岩体局部结构失稳的破坏现象，存在结构失稳隐患。

图 1-77　机械裂隙

图 1-78　机械裂隙

图 1-79　机械裂隙

9.3 渗漏病害

9.3.1 面流水　　第一龛至第三龛均存在大面积面流水，约占龛窟面积的 80%，造成造像表面出现不同色泽、形态的污染（如图 1-80、图 1-81）。

图 1-80　面流水

图 1-81　面流水

9.3.2 裂隙渗水　　第一龛顶部存在一处裂隙水病害（如图1-82）。

9.4 表层劣化病害

主要存在缺损、剥落、划痕、结壳、附积、高等植物损害、低等植物与微生物损害七类病害。

9.4.1 缺损　　三龛造像和题刻基本毁坏（如图1-83、图1-84）。

9.4.2 剥落　　第一龛左侧上半部分存在一处片状剥落病害（如图1-85）。

9.4.3 划痕　　第一龛岩体存在人为刻字现象（如图1-90）。

9.4.4 结壳　　主要位于第一龛和第二龛（如图1-86、图1-87）。

9.4.5 附积　　百佛岩处于露天环境中，因此三个龛都普遍存在无人清理导致的尘土、树叶在石材表面附着的现象（如图1-88、图1-89）。

9.4.6 高等植物损害　　第一龛顶部有较大树木生长（如图1-91）。

9.4.7 低等植物与微生物损害　　主要分布于第一龛左半边与右半边顶部，在第二龛表面占据一半面积（如图1-92、图1-93）。

9.5 其他病害

人为破坏　　第三龛造像和题刻现均已基本破坏。

图1-82　裂隙水

图1-83　缺损

图1-84　缺损

图1-85　剥落

图1-86　划痕

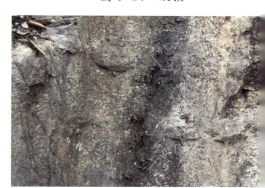

图1-87　结壳

图 1-88　结壳

图 1-89　附积

图 1-90　附积

图 1-91　高等植物损害

图 1-92　低等植物损害

图 1-93　低等植物损害

10. 宝成寺麻曷葛剌造像

10.1 概况

宝成寺麻曷葛剌造像位于上城区紫阳街道十五奎巷社区吴山瑞石山东麓的宝成寺内，西北距吴山城隍阁约 360 米，东北距鼓楼 600 米，东南距紫阳小学 250 米，西南距紫阳山 180 米。地理坐标：北纬 30°14′11.6″，东经 120°9′45.2″，海拔 35 米。造像所在地属凤凰山背斜结构，岩层为由石炭－二叠纪的石炭岩和生物碎屑石灰岩构成的碳酸盐岩。岩体露出厚度适中，岩石软硬也适中，比较适于雕刻。岩体质地较纯，抗溶蚀能力差。根据宝成寺麻曷葛剌造像现场勘察推测，造像所处岩体岩性为石灰岩。

造像整体有龛窟一个，摩崖造像三尊，为第五批全国重点文物保护单位，元至治二年（1322）雕凿。主要病害类型有结构失稳及表层劣化，病害分布如图 1-94。

图 1-94　病害分布图

10.2 结构失稳病害

本体裂隙失稳病害　　右侧普贤骑象造像与中间主尊麻曷葛剌造像下半部之间出现一条长约200毫米、宽约16毫米的机械裂隙（如图1-95）。根据现状裂隙的形貌和走向，初步判断造像目前暂无结构失稳风险。

10.3 表层劣化病害

主要为剥落、结垢结壳、附积、低等植物与微生物损害四类病害。

10.3.1 剥落　　主尊造像头部以及左下角处各存在一处剥落病害（如图1-96、图1-97）。

图 1-95　机械裂隙

图 1-96　层片状剥落

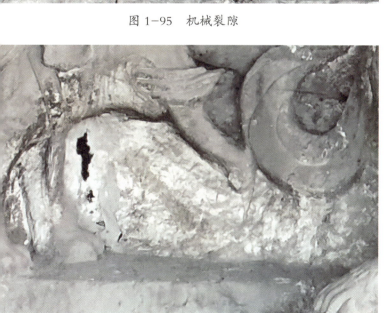

图 1-97　粉末状剥落

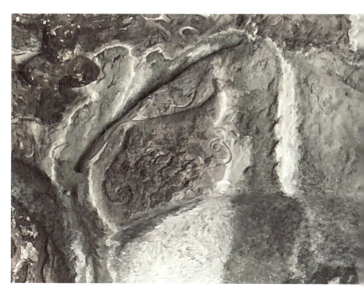

图 1-98　结垢结壳

10.3.2 结垢结壳 主要分布于造像右侧（如图1-98、图1-99）。

10.3.3 附积 宝成寺麻曷葛刺造像处于半露天环境，表面粉尘、泥土长期堆积在造像承台以及造像四周，形成较多外界物质附积（如图1-100）。

10.3.4 低等植物与微生物损害 主要分布于左胁侍文殊骑狮造像周围，病害面积约占龛窟面积的30%（如图1-101）。

图1-99 结垢结壳

图1-100 附积

图1-101 低等植物与微生物损害

11. 宝成寺三世佛造像

11.1 概况

宝成寺三世佛造像位于上城区紫阳街道十五奎巷社区吴山瑞石山东麓，城隍阁东南下方约300米的宝成寺内。地理坐标：北纬30°14′11.2″，东经120°9′45.3″，海拔35米。造像所在地岩层为由石炭、二叠纪的石炭岩和生物碎屑石灰岩构成的碳酸盐岩。岩体露出厚度适中，岩石软硬也适中，比较适于雕刻。岩体质地较纯，抗溶蚀能力差。根据宝成寺三世佛造像现场勘察推测，造像所处岩体岩性为石灰岩。

宝成寺三世佛造像现存龛窟两个，摩崖造像共十二尊，北龛为三世佛坐像，南龛原为观音救八难造像，现已损毁，新塑造像为莲花生大师造像及八尊小像，为第五批全国重点文物保护单位。造像均开凿于元代，三世佛坐像头部"文化大革命"时被毁，现头像为1989年重做。主要病害类型有结构失稳、渗漏及表层劣化，病害分布如图1-102。

图 1-102 病害分布图

11.2 结构失稳病害

本体裂隙失稳病害 左尊阿弥陀佛造像正上方位置有一条长约14毫米、宽约3毫米的机械裂隙。右尊药师佛造像右上方有两条机械裂隙，一条长约27毫米、宽约3毫米，另一条长约

30 毫米、宽约 14 毫米。右尊造像右侧有一条长约 35 毫米、宽约 4 毫米的机械裂隙。主尊释迦牟尼佛造像正上方有一条长约 29 毫米、宽约 10 毫米的机械裂隙（如图 1-102、图 1-103）。初步判断造像目前暂无结构失稳风险。

11.3 渗漏病害

裂隙渗水　　　造像存在裂隙渗水，龛内共存在两处，分别位于龛窟顶部和右侧（如图 1-104）。

11.4 表层劣化病害

主要为剥落、附积、低等植物与微生物损害三类病害。

11.4.1 剥落　　　主尊造像右胸部位存在一处片状剥落病害。剥落面积约占主尊造像躯体面积的 5%（如图 1-105）。

11.4.2 附积　　　造像处于半露天环境，表面粉尘、泥土长期堆积在造像承台以及造像四周，形成较多外界物质附积（如图 1-106）。

11.4.3 低等植物与微生物损害　　　岩体凹陷部位生长了苔藓、地衣等低等植物，病害面积约占龛窟面积的 20%（如图 1-107）。

图 1-103　机械裂隙

图 1-104　裂隙渗水

图 1-105　片状剥落

图 1-106　附积

图 1-107　低等植物与微生物损害

12. 通玄观道教造像

12.1 概况

通玄观道教造像位于上城区紫阳街道太庙社区中山南路太庙巷7号杭州市紫阳小学内，吴山紫阳山东麓。地理坐标：北纬30°14′1.8″，东经120°9′53.4″，海拔28米。通玄观道教造像所在区域属岩溶低丘地貌，地层为石炭系船山组灰色－灰黑色灰岩，局部含紫红色粗晶灰岩，巨厚层状结构，岩质坚硬，树根型网状方解石脉发育，局部出露的宽大脉体颜色呈白色或紫红色，岩体溶蚀作用强烈，岩类为沉积岩。根据通玄观道教造像现场勘察推测，造像所处岩体岩性为石灰岩。

通玄观道教造像现存龛窟四个，摩崖造像共六尊，摩崖题刻十一处，浮雕两处。造像和题刻雕凿年代为南宋至明代，为浙江省省级文物保护单位。主要病害类型有结构失稳、渗漏及表层劣化，病害分布如图1-108、图1-109。

图 1-108　左半边病害分布图

图 1-109　右半边病害分布图

12.2 结构失稳病害

12.2.1 本体裂隙失稳病害
左侧岩体存在一条原生裂隙，长约237毫米、宽约9毫米（如图1-108）；右侧存在两条机械裂隙，其中一条位于刘敞像上方，长约47毫米、宽约2毫米，另一条位于三茅真君龛内右侧造像上，长约382毫米、宽约18毫米（如图1-109）。

12.2.2 危岩体（崩塌）
第三龛与第四龛之间由于岩体内结构面切割，存在较大的裂隙，形成一处危岩体，存在结构失稳的安全隐患（如图1-110）。

图1-110　危岩体

12.3 渗漏病害

面流水
第一龛造像左侧存在面流水病害（如图1-111、图1-112）。

12.4 表层劣化病害

主要为剥落、结壳、附积、动物损害、低等植物与微生物损害五类病害。

图1-111　面流水

12.4.1 剥落
造像西侧的岩体存在层片状剥落病害（如图1-113）。

12.4.2 结壳
第一龛造像左侧的面流水病害处伴随着结壳病害（如图1-111）。

12.4.3 附积
造像岩体存在多处附积病害。

12.4.4 动物损害
造像第三龛和第四龛之间存在一处蚂蚁巢穴，其分泌的蚁酸侵蚀加剧岩石矿物成分劣化，使微观结构松散、损伤，给文物岩石材料的长期保存带来威胁（如图1-114）。

12.4.5 低等植物与微生物损害
第一龛造像左侧的面流水病害处伴随着低等植物与微生物损害（如图1-112）。

图 1-112　面流水

图 1-113　层片状剥落

图 1-114　动物损害

13. 三茅观遗址造像

13.1 概况

三茅观遗址造像位于上城区清波街道清波门社区吴山紫阳山与云居山接合部，江湖汇观亭西南下侧约 30 米处。地理坐标：北纬 30°14′0.8″，东经 120°9′33.3″，海拔 92 米。三茅观遗址造像所在区域的地层为石炭系船山组灰色－灰黑色灰岩，局部含紫红色粗晶灰岩，岩类为沉积岩。根据三茅观遗址造像现场勘察推测，造像所处岩体岩性为石灰岩。

三茅观遗址造像现存龛窟一个，为不规则型，宽 0.86 米，高 0.6 米。三茅观遗址造像为杭州市市级文物保护单位，造像雕凿年代为明代。主要病害类型有结构失稳、渗漏及表层劣化，病害分布如图 1-115。

图 1-115　病害分布图

13.2 结构失稳病害

本体裂隙失稳病害　　三茅观遗址造像存在多处风化裂隙，其中最长的一条位于中间造像顶部，长约448毫米，宽约5毫米。三茅观遗址造像右侧存在一条长约393毫米、最宽处约60毫米的机械裂隙（如图1-115）。根据现状裂隙的形貌和走向，初步判断三茅观遗址造像目前暂无结构失稳风险。

13.3 渗漏病害

裂隙渗水　　龛顶部存在两处裂缝，出现裂隙渗水病害（如图1-116）。

13.4 表层劣化病害

主要为缺损、剥落、表面溶蚀、附积、低等植物损害五类病害。

13.4.1 缺损　　三尊造像均存在缺损现象（如图1-115）。

13.4.2 剥落　　造像表面及周围存在粉末状剥落和层片状剥落现象，病害面积约占龛窟面积的90%（如图1-115）。

13.4.3 表面溶蚀　　造像存在多处溶蚀病害（如图1-117）。

13.4.4 附积　　造像岩体存在多处附积病害。

13.4.5 低等植物与微生物损害　　岩体裂隙、凹陷等部位生长了苔藓、地衣等低等植物，面积约占龛窟总面积的50%（如图1-118）。

图1-116　裂隙渗水

图1-117　表面溶蚀

图1-118　低等植物与微生物损害

14. 石佛院造像

14.1 概况

石佛院造像位于上城区吴山云居山南麓白马庙巷，市第四人民医院北后 50 米。地理坐标：北纬 30°14′1″，东经 120°9′49.6″，海拔 41 米。石佛院造像所在区域的地层为石炭系船山组灰色 - 灰黑色灰岩，局部含紫红色粗晶灰岩，岩类为沉积岩。根据石佛院造像现场勘察推测，造像所处岩体岩性为石灰岩。

石佛院造像现存龛窟三个，摩崖造像共五尊。石佛院造像为杭州市市级文物保护单位，雕凿于北宋时期。主要病害类型有结构失稳、渗漏及表层劣化，病害分布如图 1-119。

图 1-119　病害分布图

14.2 结构失稳病害

本体裂隙失稳病害　　西方三圣龛左侧顶部存在两条机械裂隙，一条长约 418 毫米、宽约 24 毫米，另一条长约 169 毫米、宽约 18 毫米。西方三圣像中的阿弥陀佛像右下方存在一条长约 223 毫米、宽约 10 毫米的机械裂隙。坐佛像胸前有一条长约 252 毫米、宽约 5 毫米的风化裂隙（如图 1-119）。根据现状裂隙的形貌和走向，初步判断石佛院造像目前暂无结构失稳风险。

14.3 渗漏病害

面流水　　第一龛坐佛造像、第二龛阿弥陀佛像和第三龛僧人造像顶部各存在一处面流水病害（如图1-120）。

14.4 表层劣化病害

主要为缺损、剥落、高等植物损害、低等植物与微生物损害四类病害。

14.4.1 缺损　　西方三圣像与僧人像存在缺损现象，其中西方三圣主尊阿弥陀佛像受损严重，左胁侍观世音菩萨头部与手部均缺失，右协侍大势至菩萨双手缺失；僧人像则整体存在缺失现象，双臂与头部尤甚，然顶部螺旋发髻依稀可辨（如图1-121）。

14.4.2 剥落　　坐佛像右侧存在板状剥落病害，剥落厚度大于5毫米，轴向长度大于50毫米（如图1-122）。

14.4.3 高等植物损害　　造像顶部有较多根系植物生长（如图1-123）。

14.4.4 低等植物与微生物损害苔藓等低等植物及藤蔓的生长也多分布于第二龛阿弥陀佛顶部右侧，病害面积约占第二龛面积的10%（如图1-124）。

14.5 其他病害

不当修复　　阿弥陀佛像和僧人坐像表面存在较多方孔，疑为修补佛像留下的榫眼（如图1-125）。

图 1-120　面流水

图 1-121　缺损

图 1-122　剥落

图 1-123　高等植物损害

图 1-124　低等植物与微生物损害

图 1-125　不当修复

15. 圣果寺遗址造像

15.1 概况

圣果寺遗址造像位于上城区南星街道馒头山社区将台山与凤凰山之间笤帚湾西面，东近宋城路。地理坐标：北纬 30°13′20.9″，东经 120°9′13.1″。海拔 137 米。圣果寺遗址造像所在区域的地层为石炭系船山组灰色－深灰色灰岩，局部含生物屑灰岩，岩质坚硬，局部溶蚀作用强烈，含方解石脉，岩类为沉积岩。根据圣果寺遗址造像现场勘察推测，造像所处岩体岩性为石灰岩。

圣果寺遗址造像现存有多处古迹。"三佛石"即西方三圣，高约 10 米，应为杭州最大的佛像。四周有"十八罗汉像"及多处摩崖题刻。圣果寺遗址造像为杭州市市级文物保护单位，雕刻于五代吴越时期。主要病害类型有结构失稳、渗漏及表层劣化。由于圣果寺遗址造像尊数较多，此处选取西方三圣像、十四号罗汉像、十六号罗汉像、十八号罗汉像详细描述（罗汉像序号为自左向右编号），病害分布如图 1-126 至图 1-129。

图 1-126　西方三圣像病害分布图

图 1-127 十四号罗汉像病害
分布图

图 1-128 十六号罗汉像病害分布图

图 1-129 十八号罗汉像病害
分布图

15.2 结构失稳病害

本体裂隙失稳病害　西方三圣像右侧存在一条长约 1261 毫米、宽约 10 毫米的机械裂隙。一号罗汉像下方存在两条机械裂隙，一条长约 504 毫米、宽约 40 毫米，另一条长约 512 毫米、宽约 38 毫米。西方三圣像存在多条风化裂隙，其中最长的一条长约 526 毫米、宽约 4 毫米。西方三圣像阿弥陀佛像顶部存在两条原生裂隙，一条长约 419 毫米、宽约 53 毫米，另一条长约 511 毫米、宽约 86 毫米（如图 1-126）。根据现状裂隙的形貌和走向，初步判断圣果寺遗址造像目前暂无结构失稳风险。

15.3 渗漏病害

15.3.1 面流水　西方三圣像存在一处面流水病害（如图 1-130）。

15.3.2 **裂隙渗水** 西方三圣像阿弥陀佛像左侧出现裂缝，存在一处裂隙渗水病害（如图 1-131）。

15.4 表层劣化病害

主要为缺损、剥落、空鼓、结壳、附积、斑迹、低等植物与微生物损害七类病害。

15.4.1 **缺损** 西方三圣像及十八罗汉像中的部分造像存在缺损现象（如图 1-132）。

15.4.2 **剥落** 西方三圣像岩体与十八罗汉像都存在剥落现象（如图 1-133）。

图 1-130 面流水

图 1-131 裂隙渗水

图 1-132 缺损

图 1-133 剥落

图 1-134　空鼓

图 1-135　附积

图 1-136　斑迹

图 1-137　低等植物与微生物损害

15.4.3 空鼓　西方三圣像周围岩体存在空鼓现象（如图 1-134）。

15.4.4 结壳　西方三圣像阿弥陀佛像左侧存在结壳现象（如图 1-131）。

15.4.5 附积　造像普遍存在附积现象（如图 1-135）。

15.4.6 斑迹　十八罗汉像存在烟熏等斑迹病害，病害面积约占十八罗汉像龛总面积的 10%（如图 1-136）。

15.4.7 低等植物与微生物损害　岩体裂隙凹陷等部位生长了苔藓、地衣等低等植物，病害面积约占西方三圣像龛总面积的 20%、十八罗汉像龛总面积的 50%（如图 1-137）。

16. 慈云岭造像

16.1 概况

慈云岭造像位于上城区玉皇山慈云岭南麓，北临西湖，南近钱江，地处将台山和玉皇山之间的一个山谷中。慈云岭顶右侧有一六角小亭，左面是题额"云螯"的玉皇宫遗址，北侧山脚为玉皇山林海亭。地理坐标：北纬 30°13′6″，东经 120°8′51.5″，海拔 67 米。慈云岭地区以将台山为最高点，峰顶岩溶地貌发育，地层为石炭系船山组灰色－深灰色灰岩，局部含生物屑灰岩，岩质坚硬，局部溶蚀作用强烈，含方解石脉，岩类为沉积岩。根据慈云岭造像现场勘察推测，造像所处岩体岩性为石灰岩。

慈云岭造像为第六批全国重点文物保护单位，始刻于后晋天福七年（942）。主要病害类型有结构失稳、渗漏及表层劣化，病害分布如图 1-138 至图 1-140。

图 1-138　第一龛地藏像病害分布图

图 1-139　第二龛观世音像病害分布图

图 1-140　第三龛西方三圣像病害分布图

16.2　结构失稳病害

16.2.1　本体裂隙失稳病害　　地藏像右侧有一条长约 450 毫米、宽约 14 毫米的机械裂隙，右上方有一条长 460 毫米、最宽处约 50 毫米的机械裂隙（如图 1-138 标红处）；西方三圣像右尊造像底部有一条长约 400 毫米、宽约 38 毫米的机械裂隙（如图 1-140 标红处）。目前暂无本体裂隙引起的结构失稳风险。

16.2.2　危岩体（崩塌）　　地藏龛西侧顶部存在一处危岩体，存在结构失稳的安全隐患。

16.3　渗漏病害

裂隙渗水　　造像存在两处裂隙渗水，裂隙分别位于主龛阿弥陀佛像顶部及南侧大势至菩萨像右侧（如图 1-141）。

16.4　表层劣化病害

主要为缺损、剥落、结壳、附积、斑迹、低等植物与微生物损害六类病害。

16.4.1　缺损　　第二龛观世音龛，主像已残，现仅存下座，似兽形。两胁侍头部均已残损，左胁侍为善财童子（如图 1-142）。第三龛最左侧金刚力士像腿部缺损。

16.4.2　剥落　　第一龛存在片状剥落以及粉末状剥落病害（如图 1-143、图 1-144）。

16.4.3　结壳　　主龛阿弥陀佛像背后的岩壁上存在结壳病害（如图 1-141）。

16.4.4　附积　　造像承台上以及造像四周都有较多外界物质附积（如图 1-138 至图 1-140）。

16.4.5　斑迹　　地藏龛佛像以及龛面出现油漆、烟熏污染，约占龛窟面积的 5%（如图 1-145）。

图 1-141　裂隙渗水

图 1-142　缺损

图 1-143　片状剥落

图 1-144　粉末状剥落

16.4.6 低等植物与微生物损害 岩体裂隙部位、凹陷部位生长杂草、灌木、苔藓等低等植物，主要分布于西方三圣造像底部以及地藏造像顶部，病害面积约占窟龛总面积的30%（如图1-146）。

16.5 其他病害

不当修复 慈云岭造像阿弥陀佛面部，北侧胁侍菩萨像面部、手部等部位均存在水泥修补痕迹（如图1-147）。

图1-145 斑迹

图1-146 低等植物与微生物损害

图1-147 水泥修补

17. 石龙洞造像

17.1 概况

石龙洞造像位于上城区南星街道玉皇山社区石龙洞造像慈云岭右侧南观音洞上，将台山南侧山腰，西北处距慈云岭造像约200米。地理坐标：北纬30°12′59.7″，东经120°8′54.8″，海拔64米。所在地将台山石灰岩地貌较发育，地层为石炭系船山组灰色－深灰色灰岩，局部含生物屑灰岩，岩质坚硬，局部溶蚀作用强烈，含方解石脉，岩类为沉积岩。根据石龙洞造像现场勘察推测，造像所处岩体岩性为石灰岩。

石龙洞造像共有四龛，共五百余尊。石龙洞造像为杭州市市级文物保护单位，凿于五代吴越时期。主要病害类型有结构失稳及表层劣化，病害分布如图1-148至图1-151。

图 1-148　罗汉像及坐佛像病害分布图

图 1-149 千佛浮雕病害分布图

图 1-150 天王像病害分布图

图 1-151 观音坐像病害分布图

17.2 结构失稳病害

本体裂隙失稳病害 十八罗汉像及坐佛像存在六条机械裂隙,其中最长的一条位于坐佛像下方,长约 720 毫米,宽约 10 毫米(如图 1-148)。千佛浮雕存在三条机械裂隙,其中最长的一条裂隙从岩体左下角延伸至左上角后向右侧延伸至边界处,长约 2046 毫米,最宽处宽约 29 毫米(如图 1-149)。观音坐像右侧及上部存在多条风化裂隙,其中最长的一条位于观音坐像右侧,长约 1200 毫米,宽约 5 毫米(如图 1-151)。根据现状裂隙的形貌和走向,初步判断石龙洞造像目前暂无结构失稳风险。

17.3 表层劣化病害

主要为缺损、剥落、高等植物损害、低等植物与微生物损害四类病害。

17.3.1 缺损　　观音坐像的手部及腿部存在缺损现象（如图1-152）。

17.3.2 剥落　　十八罗汉像下方岩体存在片状剥落病害（如图1-153）。

17.3.3 高等植物损害　　造像顶部有根系植物生长（如图1-154）。

17.3.4 低等植物与微生物损害　　各龛造像面部、手部生长杂草、苔藓等低等植物，病害面积约占龛窟总面积的10%（如图1-155）。

图 1-152　缺损

图 1-153　剥落

图 1-154　高等植物损害

图 1-155　低等植物与微生物损害

18. 天龙寺造像

18.1 概况

天龙寺造像位于上城区南星街道玉皇山社区慈云岭西南侧天龙寺后的山岩上，南侧为八卦田。
地理坐标：北纬 30°12′48.6″，东经 120°8′37.4″，海拔 31 米。天龙寺造像所在区域的地层为
石炭系黄龙组灰色－深白灰色白云质灰岩，局部含粗晶灰岩，层状、巨厚层状结构，岩质坚硬、
新鲜，含方解石脉，方解石脉多铁质渲染，局部溶蚀作用强烈，岩类为沉积岩。根据天龙寺造像
现场勘察推测，造像所处岩体岩性为石灰岩。

天龙寺造像点有龛窟三个，摩崖造像十一尊，雕凿于北宋乾德三年（965）。天龙寺造像为第
六批全国重点文物保护单位。主要病害类型有结构失稳、渗漏及表层劣化，病害分布如图 1-156
至图 1-158。

图 1-156　阿弥陀佛像病害分布图

图 1-157　弥勒像病害分布图

图 1-158　观音像病害分布图

18.2 结构失稳病害

本体裂隙失稳病害　　阿弥陀佛像左侧存在两条交叉的机械裂隙，左侧的裂隙长约 535 毫米，宽约 8 毫米；右侧的裂隙长约 320 毫米，宽约 3 毫米。阿弥陀佛像存在多条风化裂隙，最长的一条位于造像头部上方，长约 297 毫米，宽约 2 毫米（如图 1-156）。弥勒像背后的岩体存在一条从岩体左侧延伸至右上方顶部的机械裂隙，长约 2060 毫米，宽约 13 毫米。此外，弥勒像背后岩体还存在多条风化裂隙，其中最长的一条位于弥勒像右侧，长约 764 毫米，宽约 9 毫米（如图 1-157）。观音像存在多条机械裂隙，其中最长的一条位于观音像左侧岩体，长约 1046 毫米，宽约 13 毫米（如图 1-158）。天龙寺造像目前暂无结构失稳风险。

18.3 渗漏病害

裂隙渗水　　弥勒像背后岩体存在裂隙渗水病害（如图 1-159）。

图 1-159　裂隙渗水

18.4 表层劣化病害

主要为剥落、结壳、高等植物损害、低等植物与微生物损害四类病害。

18.4.1 剥落　　观音像台座存在片状剥落病害（如图 1-160）。

18.4.2 结壳　　弥勒像背后岩壁存在结壳病害（如图 1-159）。

18.4.3 高等植物损害　　弥勒龛北侧有一植物根系（如图1-162）。

18.4.4 低等植物与微生物损害　　弥勒龛存在岩体裂隙渗水部位生长苔藓、各种霉菌斑等病害，约占窟龛总面积的40%（如图1-161）。

18.5 其他病害

不当修复　　弥勒龛造像头部皆为后期补雕，水月观音龛面部、手部等部位均存在水泥修补痕迹（如图1-163）。

图1-160　片状剥落

图1-161　低等植物与微生物损害

图1-162　高等植物损害

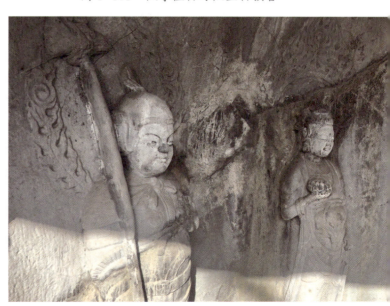

图1-163　人为修补

19. 南观音洞造像

19.1 概况

南观音洞造像位于上城区玉皇山东南麓，东靠将台山，南临八卦田，西接玉皇山，北近慈云岭造像。南观音洞是一个自然洞。地理坐标：北纬30°13′0.2″，东经120°8′50.6″，海拔29米。所在区域的地层为石炭系船山组灰色 - 深灰色灰岩，局部含生物屑灰岩，岩质坚硬，局部溶蚀作用强烈，含方解石脉，岩类为沉积岩。根据南观音洞造像现场勘察推测，造像所处岩体岩性为石灰岩。

南观音洞有龛窟二十五个，观音像、罗汉像等四十四尊。南观音洞造像为杭州市文物保护点，雕凿于南宋开禧年间（1205—1207）。主要病害类型有结构失稳、渗漏及表层劣化。南观音洞造像较多，此处着重描述第一龛的观音像、龙女像、善财童子像存在的病害及成因，病害分布如图1-164至图1-167。

图 1-164 观音像病害分布图

图 1-165　龙女像病害分布图

图 1-166　善财童子像病害分布图

图 1-167　第三龛病害分布图

19.2 结构失稳病害

19.2.1 本体裂隙失稳病害 观音像左侧存在一条长约 576 毫米、宽约 33 毫米的机械裂隙（如图 1-164）。龙女像右侧岩壁存在一条长约 792 毫米、宽约 45 毫米的机械裂隙（如图 1-165）。第三龛二十四至二十六号造像顶部存在一条长约 1452 毫米、宽约 81 毫米的机械裂隙（如图 1-167）。

19.2.2 危岩体（崩塌） 在南观音洞入口处西南 239°方向有一处危岩体（如图 1-168），由于岩体内结构面切割导致有倾倒滑移危险，存在结构失稳的安全隐患。

图 1-168　危岩体

19.3 渗漏病害

裂隙渗水 南观音洞造像周围存在两处裂缝渗水病害（如图 1-169、图 1-170）。存在于岩石裂隙中的地下水会引起水岩作用破坏、可溶盐结晶作用破坏等。

图 1-169　裂缝渗水

图 1-170　裂缝渗水

19.4 表层劣化病害

主要为剥落、结垢、斑迹、低等植物与微生物损害四类病害。

19.4.1 剥落 南观音洞造像周围存在片状剥落病害（如图 1-171）。

19.4.2 结垢 南观音洞造像渗水处下方存在大面积的结垢病害（如图 1-172）。

19.4.3 斑迹 南观音洞多处岩壁存在斑迹病害，主要为油漆、烟熏污染（如图 1-173）。

19.4.4 低等植物与微生物损害 南观音洞造像岩体裂隙、凹陷等部位生长了苔藓、地衣等低等植物，面积约占龛窟总面积的 50%（如图 1-174）。

19.5 其他病害

重塑镀金 五号天王像存在重塑现象（如图 1-175）。从浙江省文物管理委员会 1956 年的出版物中，可以看到该天王在 20 世纪 50 年代的面目：上身着宽袖上衣，足蹬靴，双手拱放于胸前，没有托塔。由此可见，五号天王像存在重塑现象，外观与之前资料记载的内容不相符，有损南观音洞造像的历史价值。

图 1-171　片状剥落

图 1-172　结垢

图 1-173　斑迹

图 1-174　低等植物与微生物损害

图 1-175　重塑

20. 莲花洞造像

20.1 概况

莲花洞造像位于西湖区西湖街道净寺社区南屏山北部山腰，南靠九曜山，北侧为净慈寺。地理坐标：北纬30°13′46.3″，东经120°8′40.1″，海拔83米。莲花洞造像及摩崖石刻所在区域的地层为石炭系船山组灰色－深灰色灰岩，局部含生物屑灰岩，岩质坚硬，局部溶蚀作用强烈，含方解石脉，岩类为沉积岩。根据莲花洞造像及摩崖石刻现场勘察推测，造像所处岩体岩性为石灰岩。

莲花洞造像现存龛窟两个，摩崖造像共六尊，摩崖题刻五处。摩崖造像为三世佛像和华严三圣像。莲花洞造像为杭州市文物保护点。造像雕凿年代为五代吴越时期。主要病害类型为结构失稳及表层劣化，病害分布如图1-176。

图 1-176　病害分布图

20.2 结构失稳病害

20.2.1 本体裂隙失稳病害　第一龛中佛与左佛之间存在一条机械裂隙，裂隙长约 1007 毫米，最宽处宽约 26 毫米。平台下方存在三条风化裂隙，最长的左侧裂隙长约 233 毫米，宽约 6 毫米。第一龛造像左侧存在一条原生裂隙，长约 734 毫米，宽约 45 毫米（如图 1-176）。

20.2.2 危岩体（崩塌）　莲花洞造像受机械裂隙等多种因素的影响，窟顶多处碎裂，出现了岩体内结构面切割现象，导致莲花洞造像顶部形成两处危岩体，存在结构失稳的安全隐患（如图 1-177）。

20.3 表层劣化病害

主要为缺损、剥落、空鼓、龟裂、附积、低等植物与微生物损害六类病害。

20.3.1 缺损　三世佛像和华严三圣像的面部、上半身等部位均存在损坏（如图 1-178）。

20.3.2 剥落　佛像表面存在片状剥落，病害面积约占龛窟面积的 70%（如图 1-179）。

20.3.3 空鼓　最左侧岩体存在空鼓病

图 1-177　危岩体

图 1-178　缺损

图 1-179　片状剥落

害（如图 1-180）。

　　20.3.4 龟裂　　最左侧平台多处存在龟裂病害（如图 1-181）。

　　20.3.5 附积　　两个龛都存在附积现象（如图 1-182）。

　　20.3.6 低等植物与微生物损害　　岩体凹陷等部位生长了苔藓、地衣等低等植物，病害面积约占龛窟面积的 20%（如图 1-183）。

图 1-180　空鼓

图 1-181　龟裂

图 1-182　附积

图 1-183　低等植物与微生物损害

21. 兴教寺造像

21.1 概况

兴教寺造像位于西湖区西湖街道南屏服务处。地理坐标：北纬30°13′47.2″，东经120°8′34.6″，海拔35米。兴教寺造像所在区域的地层为石炭系船山组灰色－深灰色灰岩，局部含生物屑灰岩，岩质坚硬，局部溶蚀作用强烈，含方解石脉，岩类为沉积岩。根据兴教寺造像现场勘察推测，造像所处岩体岩性为石灰岩。

兴教寺造像有龛窟一个，摩崖造像五尊，龛内造像为西方三圣加两供养人，造像雕凿年代为明代。兴教寺造像为本次石窟寺与摩崖造像专项调查中新发现的文物点。主要病害为结构失稳、渗漏及表层劣化，病害分布如图1-184。

图1-184 病害分布图

21.2 结构失稳病害

本体裂隙失稳病害　　兴教寺造像顶部及周围存在多条风化裂隙，最长的一条位于造像左侧，长约 316 毫米，宽约 12 毫米（如图 1-184）。目前暂无结构失稳风险。

21.3 渗漏病害

面流水　　造像顶部存在多处面流水病害（如图 1-185）。

21.4 表层劣化病害

主要为缺损、剥落、结壳、低等植物与微生物损害四类病害。

21.4.1 缺损　　造像头部均为后期修补，原头像已缺失（如图 1-186）。

21.4.2 剥落　　造像周围岩体存在层片状剥落病害。

21.4.3 结壳　　西方三圣像的重瓣仰莲座上存在结壳病害（如图 1-187）。

21.4.4 低等植物与微生物损害　　造像表面及周围生长了苔藓、地衣等低等植物，面积约占兴教寺造像岩体总面积的 60%（如图 1-185）。

图 1-185　面流水

图 1-186　缺损

图 1-187　结壳

22. 九曜山造像

22.1 概况

九曜山造像位于西湖区九曜山主峰西侧山腰处，山下即为虎跑路，靠近青龙山、赤山埠。地理坐标：北纬 30°13′21.5″，东经 120°8′0.6″，海拔 54 米。九曜山造像所在区域的地层为石炭系船山组灰色－深灰色灰岩，局部含生物屑灰岩，岩质坚硬，局部溶蚀作用强烈，含方解石脉，岩类为沉积岩。根据九曜山造像现场勘察推测，造像所处岩体岩性为石灰岩。

九曜山造像有龛窟两个，摩崖造像八尊，刻经龛一个。其中一号龛内造像一铺七尊，为一佛、二弟子、二菩萨、二天王组合，保存较为完好。其斜对面有一刻经龛，大部分石面已风化剥落，小部分石面字迹漫漶，肉眼已不可辨。二号龛为一尊观音立像，其左上方和左下方各有一块题记，字迹已漫漶。九曜山造像为本次石窟寺与摩崖造像调查中新发现的文物点，应为五代吴越国时期所凿。主要病害类型为结构失稳、渗漏及表层劣化，病害分布如图 1-188、图 1-189。

图 1-188　下生弥勒七尊像病害分布图

图 1-189　观音立像病害分布图

22.2　结构失稳病害

22.2.1　本体裂隙失稳病害　　下生弥勒七尊像存在九条风化裂隙，其中最长的一条位于佛像胸口位置，长约 417 毫米，宽约 7 毫米（如图 1-188）。观音立像存在三条机械裂隙和多条风化裂隙。其中造像左侧存在一条长约 1207 毫米、最宽处约 141 毫米的机械裂隙，造像底座下方存在一条长约 982 毫米、最宽处约 42 毫米的机械裂隙，造像右下方存在一条长约 535 毫米、宽约 12 毫米的机械裂隙。而观音立像存在的多条风化裂隙中，最长的一条位于观音立像上方，长约 475 毫米，宽约 3 毫米（如图 1-189）。

22.2.2　危岩体（崩塌）　　下生弥勒七尊像与刻经龛中间顶部存在一处危岩体（如图 1-190）。

22.3　渗漏病害

22.3.1　面流水　　第一龛主佛及其左侧胁侍造像及第二龛造像表面各存在一处面流水病害（如图 1-191）。

22.3.2　裂隙渗水　　九曜山造像第一龛顶部和第二龛左侧各存在一处裂隙渗水病害（如图 1-191）。

22.4 表层劣化病害

主要为缺损、剥落、结垢结壳、低等植物与微生物损害四类病害。

22.4.1 缺损　　观音立像面部及手部存在缺损（如图 1-192）。

22.4.2 剥落　　两龛造像的面部、手部、腿部、衣饰、龛窟面等均出现粉末状剥落，病害面积约占窟龛面积的 90%（如图 1-193）。

22.4.3 结垢结壳　　下生弥勒七尊像存在结垢病害，其中主佛存在结壳病害（如图 1-194、

图 1-190　危岩体

图 1-191　面流水

图 1-192　缺损

图 1-193　粉末状剥落

图 1-195）。

22.4.4 低等植物与微生物损害　　岩体裂隙部位、凹陷部位生长杂草、苔藓、各种霉菌斑等低等植物，主要分布于第一、二龛造像与龛面的交接处及局部龛面上，其中病害面积约占第一龛面积的 50%、第二龛面积的 30%（如图 1-196）。

22.5 其他病害

人为破坏　　观音立像的头冠上用水泥修补后添加饰品（如图 1-197）。

图 1-194　结垢结壳

图 1-195　结垢结壳

图 1-196　低等植物与微生物损害

图 1-197　人为破坏

23. 九曜山西方三圣像

23.1 概况

　　九曜山西方三圣像位于西湖区九曜山主峰西侧山腰处，山下即为虎跑路，靠近青龙山、赤山埠。地理坐标：北纬30°13′23.6″，东经120°8′2.2″，海拔65米。九曜山西方三圣像所在区域的地层为石炭系船山组灰色－深灰色灰岩，局部含生物屑灰岩，岩质坚硬，局部溶蚀作用强烈，含方解石脉，岩类为沉积岩。根据九曜山西方三圣像现场勘察推测，造像所处岩体岩性为石灰岩。

　　九曜山西方三圣像现存龛窟一个，摩崖造像三尊，龛内造像为一佛二菩萨。九曜山西方三圣像为本次石窟寺与摩崖造像调查中新发现的文物点，应为五代吴越国至宋代所凿。主要病害类型为结构失稳、渗漏及表层劣化，病害分布如图1-198。

图 1-198　病害分布图

23.2 结构失稳病害

本体裂隙失稳病害　存在一条机械裂隙和五条风化裂隙，其中机械裂隙位于造像右侧，长约 665 毫米，宽约 50 毫米；风化裂隙中最长的一条位于中间佛像头部左侧，长约 318 毫米，宽约 20 毫米（如图 1-198）。西方三圣像目前暂无结构失稳风险。

23.3 渗漏病害

面流水　造像存在面流水病害，病害面积约占窟龛面积的 30%（如图 1-198）。

23.4 表层劣化病害

主要为缺损、附积、低等植物与微生物损害三类病害。

23.4.1 缺损　主佛手部缺损，右侧菩萨像头部缺损（如图 1-199）。

23.4.2 附积　造像顶部存在附积现象（如图 1-200）。

23.4.3 低等植物与微生物损害　岩体凹陷部位生长了苔藓、地衣等低等植物，病害面积约占窟龛面积的 40%（如图 1-201）。

图 1-199　缺损

图 1-200　附积

图 1-201　低等植物与微生物损害

24. 石屋洞造像

24.1 概况

石屋洞造像位于西湖区西湖街道满觉陇村满觉陇路东北侧石屋岭下。地理坐标：北纬30°13′20.2″，东经120°7′32.2″，海拔56米。石屋洞造像所在区域的地层为晚石炭－早二叠纪船山组灰色－深灰色灰岩，局部含生物屑灰岩，层状、巨厚层状结构，岩质坚硬，局部溶蚀作用强烈，含方解石脉，岩类为沉积岩。根据石屋洞造像现场勘察推测，造像所处岩体岩性为石灰岩。

洞内壁间镌刻了为数众多的佛教造像，包括佛、弟子、菩萨、天王、罗汉等，且以罗汉像为主，数目超过了五百尊，年代最早的是五代后晋天福年间（936—944）的作品。石屋洞造像为第三次全国文物普查不可移动文物登录点。主要病害类型为结构失稳、渗漏及表层劣化，病害分布如图1-202至图1-204。

图 1-202　病害分布图

图 1-203　A龛（原为释迦七尊像）病害分布图

24.2　结构失稳病害

本体裂隙失稳病害　洞窟上方存在三条机械裂隙，左边的长约791毫米，宽约13毫米；中间的长约670毫米，最宽处宽约43毫米；右侧的长约2301毫米，最宽处宽约32毫米。A龛上方存在原生裂隙，长约805毫米，宽约221毫米（如图1-202）。西方三圣像主佛与右协侍直接存在一条机械裂隙，长约553毫米，宽约9毫米（如图1-204）。石屋洞造像目前暂无结构失稳风险。

24.3　渗漏病害

裂隙渗水　造像西壁及顶部各出现一处裂隙渗水点，整体存在两处裂隙渗水病害（如图1-205）。

24.4　表层劣化病害

主要为剥落、空鼓、结壳、附积、高等植物损害、低等植物与微生物损害六类病害。

24.4.1　剥落　洞窟顶部存在颗粒状剥落病害（如图1-206）。

图 1-204　西方三圣像病害分布图

图 1-205　裂隙渗水

图 1-206　颗粒状剥落

图 1-207　空鼓

图 1-208　附积

图 1-209　高等植物损害

图 1-210　低等植物与微生物损害

24.4.2　**空鼓**　　洞窟顶部存在空鼓病害（如图 1-207）。

24.4.3　**结壳**　　西壁存在结壳病害（如图 1-205）。

24.4.4　**附积**　　岩体存在多处附积病害（如图 1-208）。

24.4.5　**高等植物损害**　　龛窟外侧有一处植物根系生长（如图 1-209）。

24.4.6　**低等植物与微生物损害**　　各造像面部、手部等部位生长苔藓等低等植物，病害面积约占窟龛总面积的 40%（如图 1-210）。

25. 满觉陇造像

25.1 概况

满觉陇造像位于西湖区西湖街道满觉陇村上满觉陇水乐洞东北侧。地理坐标：北纬30°13′14.6″，东经120°7′2.9″，海拔98米。满觉陇造像所在区域的地层为晚石炭－早二叠纪船山组灰色－深灰色灰岩，局部含生物屑灰岩，层状、巨厚层状结构，岩质坚硬，局部溶蚀作用强烈，含方解石脉，岩类为沉积岩。根据满觉陇造像现场勘察推测，造像所处岩体岩性为石灰岩。

满觉陇造像现存龛窟一个，摩崖造像分上下两部分：上半部为坐佛并二弟子，下半部雕观音、善财童子、龙女、鹦鹉、挑担僧人、二弟子像。满觉陇造像为杭州市文物保护点，雕凿于明代。主要病害类型为结构失稳及表层劣化，病害分布如图1-211。

图 1-211　病害分布图

25.2 结构失稳病害

本体裂隙失稳病害　造像存在两条风化裂隙，其中一条位于岩体左侧，长约 373 毫米，宽约 3 毫米；另一条位于主尊结跏趺坐佛左下方，长约 244 毫米，宽约 3 毫米。此外，主尊结跏趺坐佛的左侧有一条长约 674 毫米、宽约 2 毫米的机械裂隙和一条长约 585 毫米、宽约 134 毫米的原生裂隙（如图 1-211）。根据现状裂隙的形貌和走向，初步判断满觉陇造像目前暂无结构失稳风险。

25.3 表层劣化病害

主要为缺损、剥落两类病害。

25.3.1 缺损　满觉陇造像普遍存在缺损现象（如图 1-212）。

25.3.2 剥落　下层造像存在一处片状剥落病害（如图 1-213）。

图 1-212　缺损

图 1-213　片状剥落

26. 烟霞洞造像

26.1 概况

烟霞洞造像位于西湖区西湖街道翁家山村南高峰西侧翁家山南部烟霞岭烟霞洞内。地理坐标：北纬 30°13′17.6″，东经 120°6′53.8″，海拔 179 米。烟霞洞造像区地处翁家山－南高峰一侧山体南坡麓，丘陵地貌，属岩溶低丘地形，所在区域的地层为晚石炭－早二叠纪船山组灰色－深灰色灰岩，局部含生物屑灰岩，层状、巨厚层状结构，岩质坚硬，局部溶蚀作用强烈，含方解石脉，方解石脉网状分布，岩类为沉积岩。根据烟霞洞造像现场勘察推测，造像所处岩体岩性为石灰岩。

烟霞洞洞口内含有多种题材的造像，始雕于五代后晋开运年间（944—946），宋、清、民国各有增凿或改凿。洞口两侧有五代吴越时雕凿的观音立像两尊，体态柔美，容相娴静，身旁各雕有一身弟子像。洞内有五代吴越国的石雕罗汉，原有十八尊，现存十一尊。烟霞洞造像为第六批全国重点文物保护单位。主要病害类型有结构失稳、渗漏及表层劣化。由于烟霞洞造像尊数较多，此处选取阿难像、迦叶像、双菩萨像、持龙持笔罗汉像以及三世佛像详细描述，病害分布如图 1-214 至图 1-219。

26.2 结构失稳病害

26.2.1 本体裂隙失稳病害　　烟霞洞造像洞口处由于岩体内结构面切割，存在三条原生裂隙。迦叶像周围存在三条机械裂隙，分别位于迦叶像左侧、左下方以及右侧。左侧裂隙长约 334 毫米，宽约 32 毫米。左下方裂隙长约 350 毫米，最宽处宽约 102 毫米。右侧裂隙长约 616 毫米，宽约 33 毫米（如图 1-215）。阿难像周围同样存在三条机械裂隙，分别位于阿难像左侧、右侧以及下方。左侧裂隙长约 416 毫米，宽约 20 毫米。右侧裂隙长约 544 毫米，最宽处宽约 72 毫米。下方裂隙长约 303 毫米，宽约 14 毫米（如图 1-214）。杨柳观音像存在多条机械裂隙，其中最长的一条位于造像腿部位置，长约 1417 毫米，最宽处宽约 19 毫米（如图 1-217）。白衣观音像左侧存在一条较长的机械裂隙，长约 927 毫米，宽约 15 毫米（如图 1-216）。持龙持笔罗汉像左侧有一条呈半圆形的机械裂隙，长约 361 毫米，宽约 14 毫米（如图 1-218）。三世佛像左侧存在一条机械裂隙，长约 1518 毫米，宽约 93 毫米（如图 1-219）。洞口处存在三条原生裂隙，已形成危岩体。

26.2.2 危岩体（崩塌）　　烟霞洞造像洞口处由于岩体内结构面切割和人为破坏影响，存在三条原生裂隙，在重力、风化营力、地应力、地震、水体等作用下与母岩逐渐分离，岩体结构不完整，具备崩塌的条件，是潜在的崩塌体（如图 1-220）。

图 1-214　阿难像病害分布图

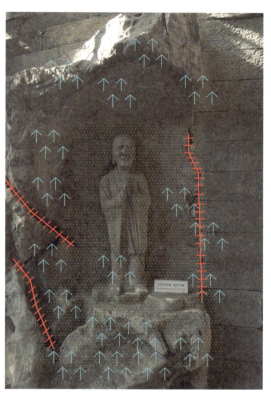

图 1-215　迦叶像病害分布图

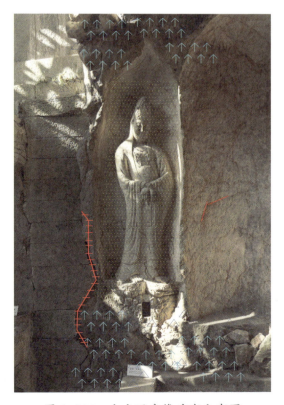

图 1-216　白衣观音像病害分布图

图 1-217　杨柳观音像病害分布图

26.3 渗漏病害

裂隙渗水　　洞内造像顶部及周围岩体存在多处裂隙渗水病害。

26.4 表层劣化病害

主要为缺损、剥落、结垢结壳、斑迹、低等植物与微生物损害五类病害。

26.4.1 缺损　　烟霞洞内千官塔像、执麈尾罗汉以及三世佛像等造像存在缺损，其中执麈尾罗汉像于1978～1979年重塑（如图1-221）。

26.4.2 剥落　　烟霞洞内多处岩体存在层片状剥落病害。

26.4.3 结垢结壳　　烟霞洞裂隙渗水处下方及周围岩体存在多处结垢结壳。

26.4.4 斑迹　　烟霞洞因历史上存在信众礼佛的情况，部分岩石表面存在烟熏等痕迹。

26.4.5 低等植物与微生物损害　　烟霞洞岩体裂隙渗水部位生长苔藓等低等植物与微生物病害。

图 1-220　危岩体

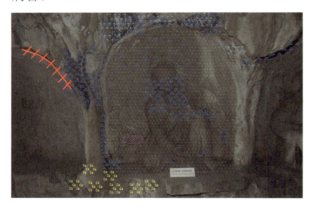

图 1-218　持龙持笔罗汉像病害分布图

图 1-219　三世佛像病害分布图

图 1-221　缺损

27. 无门洞造像

27.1 概况

无门洞造像位于西湖区西湖街道翁家山村烟霞岭北南高峰距离峰顶20余米处的南向悬崖避阴处。地理坐标：北纬30°13′26.2″，东经120°7′1″，海拔227米。无门洞造像所在区域的地层为晚石炭－早二叠纪船山组灰色－深灰色灰岩，局部含生物屑灰岩，层状、巨厚层状结构，岩质坚硬，局部溶蚀作用强烈，含方解石脉，岩类为沉积岩。根据无门洞造像现场勘察推测，造像所处岩体岩性为石灰岩。

无门洞造像点有龛窟两个，摩崖造像二十五尊，为二十尊罗汉像加三世佛并二胁侍菩萨像，雕于明代。无门洞造像为第三次全国文物普查不可移动文物登录点。主要病害类型为结构失稳、渗漏及表层劣化，病害分布如图1-222、图1-223。

27.2 结构失稳病害

危岩体（崩塌）　洞顶岩体由于岩体内结构面切割，存在较大的裂隙，形成一处危岩体（如图1-224），尚需进一步探明裂隙内部具体情况，可能导致结构失稳。

图1-222　十八罗汉像病害分布图

图 1-223　三世佛并二胁侍菩萨像病害分布图

27.3 渗漏病害

裂隙渗水　造像顶部存在三处裂隙渗水病害（如图 1-225）。

27.4 表层劣化病害

主要为缺损、剥落、表面溶蚀、结壳、高等植物损害、低等植物与微生物损害等六类病害。

27.4.1 缺损　三世佛并二协侍菩萨像五尊造像以及部分罗汉像存在缺损（如图 1-226）。

27.4.2 剥落　岩体存在板状剥落病害（如图 1-227）。

27.4.3 表面溶蚀　岩体由于存在裂隙渗水，长期遭受裂隙水冲刷的造像岩体存在较多溶蚀病害（如图 1-228）。

27.4.4 结壳　三世佛并二协侍菩萨像右侧存在结壳病害（如图 1-225）。

图 1-224　危岩体

27.4.5 高等植物损害　　造像顶部外岩面山体裂隙部位有较多根系植物生长（如图1-229）。

27.4.6 低等植物与微生物损害　　造像生长苔藓等低等植物，其面积约占龛窟总面积的20%（如图1-230）。

图1-225　裂隙渗水

图1-226　缺损

图1-227　板状剥落

图1-228　表面溶蚀

图1-229　高等植物损害

图1-230　低等植物与微生物损害

28. 西山庵造像

28.1 概况

西山庵造像位于西湖区双浦镇西山国家森林公园灵山风景区西山庵，灵山村南侧，云泉山北坡半山腰，北距灵山盘山公路约 40 米。地理坐标：北纬 30°7′11.5″，东经 120°2′9.5″，海拔 158 米。西山庵造像所在区域的地层为晚石炭 - 早二叠纪船山组灰色 - 深灰色灰岩，局部含生物屑灰岩，岩质坚硬，局部溶蚀作用强烈，含方解石脉，岩类为沉积岩。根据西山庵造像现场勘察推测，造像所处岩体岩性为石灰岩。

西山庵造像共分为四层，摩崖造像共二十二尊，推测造像开凿于明代。西山庵造像为第三次全国文物普查不可移动文物登录点。主要病害类型为结构失稳及表层劣化，病害分布如图 1-231。

28.2 结构失稳病害

本体裂隙失稳病害　　第一层中间释迦牟尼造像左右各存在一条机械裂隙，左侧裂隙长约 368 毫米，宽约 15 毫米；右侧裂隙长约 415 毫米，宽约 7 毫米（如图 1-231）。目前暂无结构失稳

图 1-231　病害分布图

风险。

28.3 表层劣化病害

主要为附积、斑迹、低等植物与微生物损害三类病害。

28.3.1 附积　　造像周围由于信众礼佛，有许多蜡烛残渣（如图1-233）。

28.3.2 斑迹　　造像周边烟熏污染严重，主要集中在第二、三、四层（如图1-233）。

28.3.3 低等植物与微生物损害　　造像右侧岩体生长了大面积苔藓，面积约占龛窟的40%（如图1-234）。

28.4 其他病害

重塑镀金　　造像表面被人为镀金，掩盖了造像的本来面貌（如图1-235）。

图 1-232　凝结水

图 1-233　附积

图 1-234　低等植物与微生物损害

图 1-235　镀金

29. 孔里空山造像

29.1 概况

孔里空山造像位于西湖区双浦镇灵山村西南部，"孔里空山"南崖壁，"跌倒石坡"北侧，东距仙桥洞洞口约 100 米，地处灵山的一个山谷地带，正北偏东便是著名的灵山洞。灵山（俗称孔里空山）东接云泉山（现称西山）。地理坐标：北纬 30°7′2.2″，东经 120°1′44″，海拔 155.75米。孔里空山造像所在区域的地层为晚石炭 - 早二叠纪船山组灰色 - 深灰色灰岩，局部含生物屑灰岩，岩质坚硬，局部溶蚀作用强烈，含方解石脉，岩类为沉积岩。根据孔里空山造像现场勘察推测，造像所处岩体岩性为石灰岩。

孔里空山造像现存龛窟三个，摩崖造像共三尊，为禅定印罗汉、思维罗汉和合十印罗汉。孔里空山造像为第三次全国文物普查不可移动文物登录点。造像雕凿年代为明清。主要病害类型为结构失稳、渗漏及表层劣化，病害分布如图 1-236。

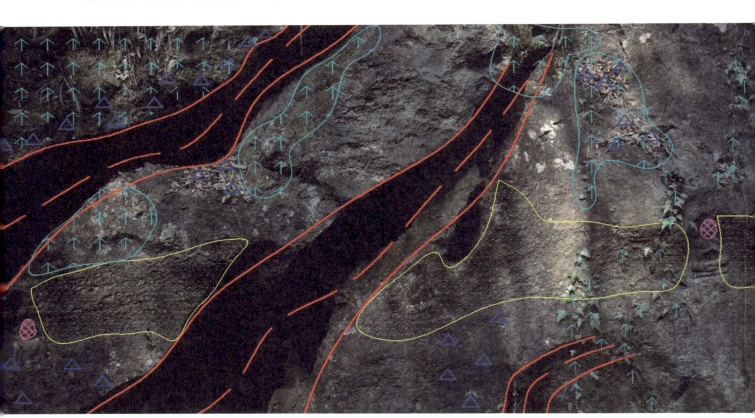

图 1-236　病害分布图

29.2 结构失稳病害

29.2.1 本体裂隙失稳病害 造像岩体存在两条原生裂隙，其中右侧裂隙长约 2425 毫米，宽约 363 毫米；左侧裂隙长约 2342 毫米，宽约 295 毫米（如图 1-236）。

29.2.2 危岩体（崩塌） 造像第一龛与第二龛之间出现了岩体内结构面切割现象，导致造像第一龛出现一处危岩体，存在结构失稳的安全隐患（如图 1-237）。

29.3 渗漏病害

29.3.1 面流水 造像表面存在面流水病害（如图 1-238）。

29.3.2 凝结水 造像岩体存在凝结水病害。病害面积约占龛窟面积的 80%（如图 1-239）。

29.4 表层劣化病害

主要为剥落、结壳、附积、低等植物与微生物损害四类病害。

29.4.1 剥落 造像存在粉末状剥落病害。第一、二龛造像手部动作、衣纹、缎带尚可分辨，第三龛造像基本仅剩轮廓，可见少许衣纹，病害面积约占窟龛总面积的 80%（如图 1-240）。

29.4.2 结壳 第二龛造像周围存在结壳病害（如图 1-238）。

29.4.3 附积 造像周围岩体表面存在枯叶、尘土等附积病害（如图

图 1-237　危岩体

图 1-238　面流水

图 1-239　凝结水

1-241）。

　　29.4.4 低等植物与微生物损害　　岩体表面存在低等植物与微生物损害，病害面积约占岩体表面积的 70%（如图 1-242）。

图 1-240　粉末状剥落

图 1-241　附积

图 1-242　低等植物与微生物损害

30. 仙桥洞洞口造像

30.1 概况

　　仙桥洞洞口造像位于西湖区双浦镇灵山村西南部灵山洞正南、仙桥洞洞口西侧外崖壁上，西距孔里空山约 100 米。地理坐标：北纬 30°7′3.2″，东经 120°1′46.5″，海拔 165.17 米。仙桥洞洞口造像所在区域的地层为晚石炭 - 早二叠纪船山组灰色 - 深灰色灰岩，局部含生物屑灰岩，岩质坚硬，局部溶蚀作用强烈，含方解石脉，岩类为沉积岩。根据仙桥洞洞口造像现场勘察推测，造像所处岩体岩性为石灰岩。

　　仙桥洞洞口造像有龛窟两个，摩崖造像三尊，皆为罗汉立像，开凿年代不详，据造像风格推测为明代。仙桥洞洞口造像为第三次全国文物普查不可移动文物登录点。主要病害类型为结构失稳、渗漏及表层劣化，病害分布如图 1-243。

图 1-243　病害分布图

30.2 结构失稳病害

危岩体（崩塌） 顶部岩体存在一条较大裂缝，形成一处危岩体（如图 1-244）。

30.3 渗漏病害

30.3.1 面流水 各龛造像表面都存在面流水病害（如图 1-245）。

30.3.2 凝结水 造像周围存在凝结水病害（如图 1-246）。

30.4 表层劣化病害

主要为缺损、结壳、低等植物与微生物损害三类病害。

30.4.1 缺损 造像存在缺损（如图 1-247）。

30.4.2 结壳 各龛造像表面及周围都存在结壳病害（如图 1-245）。

30.4.3 低等植物与微生物损害 造像表面及周围等部位生长了苔藓、地衣，病害面积约占龛窟总面积的 10%（如图 1-248）。

图 1-244 危岩体

图 1-245 面流水

图 1-246 凝结水

图 1-247 缺损

图 1-248 低等植物与微生物损害

31. 灵仙庵造像

31.1 概况

灵仙庵造像位于西湖区双浦镇灵山村南侧，灵山东坡半山腰，东距石牛停车场约 50 米。地理坐标：北纬 30°7′13″，东经 120°1′59.6″，海拔 142 米。灵仙庵造像所在区域的地层为晚石炭-早二叠纪船山组灰色-深灰色灰岩，局部含生物屑灰岩，岩质坚硬，局部溶蚀作用强烈，含方解石脉，岩类为沉积岩。根据灵仙庵造像现场勘察推测，造像所处岩体岩性为石灰岩。

灵仙庵造像现存龛窟一个，摩崖造像一尊，为弥勒佛。灵仙庵造像为第三次全国文物普查不可移动文物登录点，推测为晚清民国时期所雕。主要病害类型为结构失稳及表层劣化，病害分布如图 1-249。

31.2 结构失稳病害

本体裂隙失稳病害　　灵仙庵造像共存在五条机械裂隙，其中造像头部周围存在三条机械裂隙，最长的长约 167 毫米，宽约 2 毫米。造像右侧有一长一短两条机械裂隙，一条长约 868 毫米、

图 1-249　病害分布图

图 1-250　剥落

宽约 2 毫米，另一条长约 36 毫米、宽约 2 毫米（如图 1-249）。目前暂无结构失稳风险。

31.3　表层劣化病害

主要为剥落、附积、斑迹三类病害。

31.3.1　剥落　　造像背面岩体存在剥落病害（如图 1-250）。

31.3.2　附积　　岩体表面存在多处香灰、尘土等附积病害（如图 1-251）。

31.3.3　斑迹　　因游客烧香拜佛，造像表面受烟熏变色，造像前方平台存在较多蜡油，造成表面烟熏污染（如图 1-252）。

31.4　其他病害

重塑镀金　　造像表面被涂抹油饰（如图 1-252）。

图 1-251　附积

图 1-252　斑迹

32. 万松岭龙王洞

32.1 概况

万松岭龙王洞造像位于西湖区西湖街道万松岭路万松书院停车场侧。地理坐标北纬30°13′49.8″，东经120°9′19.1″。海拔54米。万松岭龙王洞造像所在区域的地层为石炭系船山组灰色－灰黑色灰岩，局部含紫红色粗晶灰岩，岩类为沉积岩。根据万松岭龙王洞造像现场勘察推测，造像所处岩体岩性为石灰岩。

万松岭龙王洞有龛窟一个，上头有南宋绍兴年号的题记，据此推断造像雕于南宋。万松岭龙王洞造像为本次石窟寺与摩崖造像专项调查中新发现的文物点。主要病害类型为结构失稳、渗漏及表层劣化，病害分布如图1-253。

图 1-253　病害分布图

32.2 本体结构失稳病害

危岩体（崩塌）　　窟顶上方出现了岩体内结构面切割现象，存在较大的裂隙，形成一处危岩体，需探明裂隙内部具体情况，可能存在结构失稳隐患（如图1-254）。

32.3 渗漏病害

面流水　　洞窟下方及左右侧壁各存在一处面流水病害（如图1-254）。

32.4 表层劣化病害

主要为缺损、结壳、斑迹、低等植物与微生物损害四类病害。

32.4.1 缺损　　造像整体缺失（如图1-254）。

32.4.2 结壳　　洞窟周围存在结壳病害（如图1-255）。

32.4.3 斑迹　　洞窟存在烟熏迹象，主要分布于洞窟内顶部和洞窟口底部，病害面积约占洞窟总面积的30%（如图1-254）。

32.4.4 低等植物与微生物损害　　洞窟内壁及周围有苔藓、地衣等低等植物生长（如图1-254）。

图1-254　危岩体

图1-255　结壳

33. 欢喜岩造像

33.1 概况

欢喜岩造像位于西湖区西湖街道净慈寺后山。地理坐标：北纬 30°383′50.9″，东经 120°8′44″，海拔 60 米。欢喜岩造像所在区域的地层为石炭系船山组灰色 - 深灰色灰岩，局部含生物屑灰岩，岩质坚硬，局部溶蚀作用强烈，含方解石脉，岩类为沉积岩。根据欢喜岩造像现场勘察推测，造像所处岩体岩性为石灰岩。

欢喜岩造像现存龛窟一个，摩崖造像共三尊。此造像为本次石窟寺与摩崖造像专项调查中新发现的文物点，五代时期雕凿。主要病害类型有结构失稳、渗漏及表层劣化，病害分布如图

图 1-256 病害分布图

1-256。

33.2 结构失稳病害

33.2.1 本体裂隙失稳病害   右侧造像有一条长约 180 毫米、宽约 10 毫米的风化裂隙（如图 1-257）。

33.2.2 危岩体（崩塌）   顶部存在一条裂隙，形成危岩体，存在结构失稳隐患（如图 1-258）。

33.3 渗漏病害

主要为面流水和凝结水两类，水害面积约为 1 平方米。

33.3.1 面流水   分布于欢喜岩右侧岩壁上（如图 1-259）。

33.3.2 凝结水   在造像右上方角落处存在一处凝结水（如图 1-260）。

图 1-257　风化裂隙

图 1-258　危岩体

图 1-259　面流水

图 1-260　凝结水

图 1-261　缺损

图 1-262　剥落

图 1-263　剥落

图 1-264　表面溶蚀

33.4 表层劣化病害

主要为缺损、剥落、表面溶蚀、结垢结壳、动物损害、低等植物与微生物损害六类病害。

33.4.1 缺损　　左尊造像与中间主尊造像头部缺失，右尊造像大面积缺损（如图 1-261）。

33.4.2 剥落　　佛像风化严重，存在粉末状风化病害，病害面积约占龛窟面积的 50%（如图 1-262、图 1-263）。

33.4.3 表面溶蚀 造像顶部存在大面积溶蚀病害（如图1-264）。

33.4.4 结垢结壳 造像周围部分存在结垢结壳（如图1-265）。

33.4.5 动物损害 龛窟顶部存在一处泥蜂筑窝病害（如图1-266）。

33.4.6 低等植物与微生物损害 岩体两侧部位有低等植物与微生物生长（如图1-267、图1-268）。

图 1-265　结垢结壳

图 1-266　动物损害

图 1-267　低等植物与微生物损害

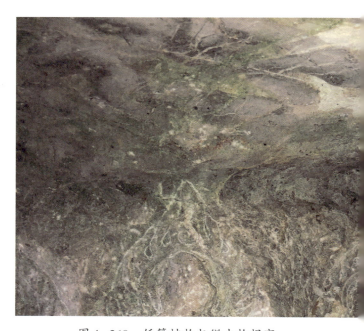

图 1-268　低等植物与微生物损害

第三节　杭州余杭、临安、富阳、桐庐、建德石窟造像

34. 南山造像

34.1 概况

南山造像位于余杭区瓶窑镇南山村南山东南石壁上，在瓶窑镇西南约一公里处。东临苕溪，西北距栲栳山一华里，北去一华里是 104 国道，南面是大片农田。地理坐标：纬度 30°23′43.9″，经度 30°23′43.9″，119°57′13.8″，海拔 34 米。南山造像所处的余杭区位于杭嘉湖平原和浙西山地丘陵的过渡地带，大致以东苕溪为界，地势走向从西北向东南倾斜，西北多山，所在区域广泛分布中生代火山碎屑岩为主，地层为白垩系下统茶湾组浅灰绿色、紫红色凝灰质砂砾岩，岩质坚硬，岩体弱风化，完整性好，岩类为沉积岩。根据南山造像现场勘察推测，造像所处岩体岩性为凝灰岩。

南山造像现存龛窟九个，造像共二十二尊，为第七批全国重点文物保护单位。造像雕凿年代为元代。主要病害类型有危岩体、渗漏及表层劣化。病害分布如图 1-269 至图 1-273。

图 1-269　释迦牟尼坐像病害分布图

图 1-270　摩崖三龛病害分布图

图 1-271　阿弥陀如来造像病害分布图

图 1-272　三世佛造像病害分布图

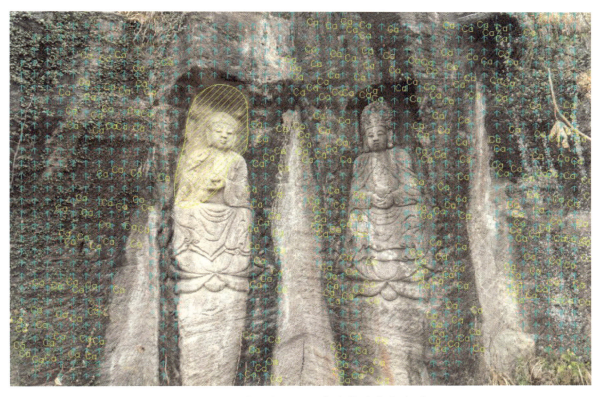

图 1-273　释迦牟尼及观音坐像病害分布图

34.2 危岩体

南山造像有多处局部潜在危岩体存在，一旦崩塌，对游步道的游客有潜在危害。

第一处危岩体集中在摩崖三龛位置。摩崖三龛左上角山顶位置有四处局部潜在的危岩体，其中两处存有植物根系影响，易对危岩体形成根劈现象；正上方山顶有一处局部潜在的危岩体，存有植物根劈影响；左侧崖壁有一处浮石（如图1-274）。

第二处位于距离游步道起始平台约19米处的崖壁上，有一处局部潜在的危岩体，有裂隙存在，易形成滑坡。

第三处沿着游步道继续前行，在距离第二处约11米处的崖壁上，有一处局部潜在的危岩体，存有植物根劈影响。

第四处位于距离第二处9米处的崖壁，在游步道上方有一处局部潜在的危岩体。

第五处与第四处相近，此处存有局部潜在的危岩体存在，面积较大，大约45平方米，具有滑坡、崩塌隐患。

第六处位于距离第五处5米处（阿弥陀如来坐佛像左侧6米）的崖壁，恰好处于游步道拐角的位置，有一处局部潜在的危岩体，存在多条裂隙及植物根劈影响。

第七处位于阿弥陀如来坐佛像顶部，有一处植物根劈影响，山顶有一处局部潜在的危岩体存在裂隙滑坡影响，另有一处孤石位于阿弥陀如来坐佛像右侧8米处的崖壁。

第八处位于三世佛左侧前方10米处的崖壁，恰好处于游步道拐角，崖壁上方有植物根劈影响和危岩体孤石现象；三世佛顶部山顶有一片浮石，且左侧有一处危岩体；三世佛右侧前方8米处有一处局部潜在的危岩体和浮石。

第九处位于观音立佛左上角崖壁有两处浮石。

第十处位于真武帝遗像左上角有一处局部潜在的危岩体。

图 1-274 摩崖三龛危岩体

34.3 渗漏病害

面流水　　各龛造像表面及周围存在明显的面流水痕迹，共存在十六处面流水病害（如图 1-274）。

34.4 表层劣化病害

主要为缺损、剥落、结壳、附积、低等植物与微生物损害五类病害。

34.4.1 缺损　　多个龛存在缺损现象（如图 1-275）。

34.4.2 剥落　　各龛造像表面均出现粉末状剥落，病害面积约占龛窟总面积的 70%（如图 1-276）。

34.4.3 结壳　　多个龛存在结壳病害（如图 1-275）。

34.4.4 附积　　释迦牟尼坐像周围存在附积现象（如图 1-277）。

34.4.5 低等植物与微生物损害　　低等植物主要分布于除第三龛以外的其余八龛表面，病害面积约占 8 龛总面积的 30%（如图 1-278）。

图 1-275　缺损、结壳

图 1-276　粉末状剥落

图 1-277　附积

图 1-278　低等植物与微生物损害

35. 窑山造像

35.1 概况

窑山造像位于余杭区瓶窑镇里窑社区窑山南坡窑山花园，今太平庵内。坐北朝南。地理坐标：北纬 30° 23′ 54.6″，东经 119° 57′ 48.9″，海拔 36 米。窑山造像所在区域广泛分布中生代火山碎屑岩，地层为白垩系下统茶湾组浅灰绿色、紫红色凝灰质砂砾岩，颗粒大小相对均匀，岩类为沉积岩。根据窑山造像现场勘察推测，摩崖石刻所处岩体岩性为凝灰岩。

窑山造像共有龛窟五个，现存造像四尊，凿刻年代为明清。窑山造像为第三次全国文物普查不可移动文物登录点。主要病害类型有结构失稳及表层劣化，病害分布如图 1-279 至图 1-283。

35.2 结构失稳病害

本体裂隙失稳病害　第一龛龛窟右侧存在一条风化裂隙，长约 293 毫米，宽约 8 毫米。孔夫子像周围存在多条风化裂隙，其中最长的一条长约 540 毫米，宽约 6 毫米（如图 1-279、图 1-280）。窑山造像目前暂无结构失稳风险。

图 1-279　第一龛造像病害分布图

图 1-280　孔子像病害分布图

图 1-281　原始天尊像病害分布图

图 1-282　如来佛祖像病害分布图

图 1-283　观音像病害分布图

图 1-284　层片状剥落

图 1-285　斑迹

35.3　表层劣化病害

主要为剥落、斑迹两类病害。

35.3.1　剥落　　孔子像与原始天尊像之间的岩壁存在层片状剥落（如图 1-284）。

35.3.2　斑迹　　一号龛存在烟熏斑迹，面积约占一号龛的 10%（如图 1-285）。

35.4　其他病害

重塑镀金　　现存造像清代经过重塑，表面为彩塑（如图 1-280 至图 1-283）。

36. 临平山龙洞摩崖石刻

36.1 概况

临平山龙洞摩崖石刻位于临平区临平街道临平山绿道临平公园内。地理坐标：北纬30°25′16.2″，东经120°16′54.7″，海拔148米。临平山坐落于东湖街道西北侧，西南二面较险峻，有断岭之称，所在区域的地层为石炭系黄龙组灰色－深白灰色白云质灰岩，局部含粗晶灰岩，层状、巨厚层状结构，含方解石脉，局部溶蚀作用强烈，岩类为沉积岩。根据临平山龙洞摩崖造像现场勘察推测，造像所处岩体岩性为石灰岩。

临平山龙洞摩崖造像现存龛窟五个，造像共十四尊，另有题刻三处，为杭州市市级文物保护单位，雕凿年代推测为元明时期。主要病害类型有结构失稳、渗漏及表层劣化，病害分布如图1-286至图1-290。

36.2 结构失稳病害

本体裂隙失稳病害　第三龛左侧有一条长约338毫米、宽约2毫米的风化裂隙。造像窟龛内有三条机械裂隙，其中最长的一条长约239毫米，宽约3毫米（如图1-288）。第四龛造像右上方存在一条长约1648毫米、最宽处约22毫米的机械裂隙，顶部有一条长约561毫米、宽约5毫米的机械裂隙。目前暂无结构失稳风险。

图1-286　第一龛病害分布图

图1-287　第二龛病害分布图

图 1-288　第三龛病害分布图

36.3 渗漏病害

凝结水　　除第一龛外其余各龛造像表面及周围共存在六处凝结水病害（如图 1-291）。

36.4 表层劣化病害

主要为缺损、剥落、斑迹、晶析、低等植物与微生物损害五类病害。

36.4.1　缺损　　多处造像被人为损毁，第一、二、三龛造像缺损严重，第五龛造像头部缺失（如图 1-292）。

36.4.2　剥落　　各龛造像表面均出现粉末状剥落，病害面积约占龛窟总面积的 70%（如图 1-293）。

36.4.3　斑迹　　由于信众礼佛在洞内烧香，造像存在大面积烟熏痕迹，其中第三龛造像右侧岩壁最为显著（如图 1-294）。

36.4.4　晶析　　第一龛造像承台下方存在晶析病害（如图 1-295）。

36.4.5　低等植物与微生物损害　　苔藓、地衣等低等植物多分布于第五龛以外的其余四龛表面，病害面积约占四龛总面积的 30%（如图 1-296）。

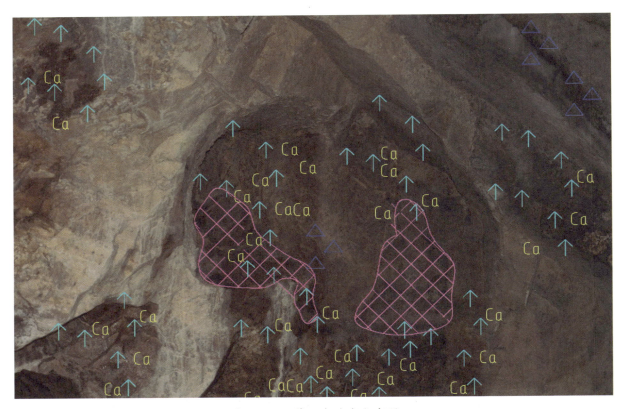

图 1-289　第四龛病害分布图

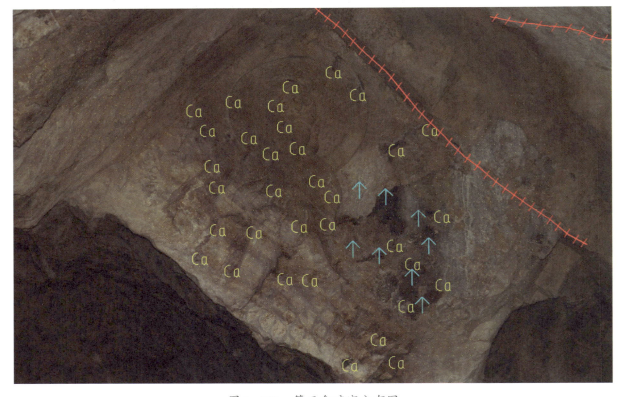

图 1-290　第五龛病害分布图

图 1-291　凝结水

图 1-292　缺损

图 1-293　粉末状剥落

图 1-294　斑迹

图 1-295　晶析

图 1-296　低等植物与微生物损害

37. 海云洞造像

37.1 概况

　　海云洞造像位于临平区塘栖镇超山风景区东园，连接104国道和320国道的09省道（乔莫线）从景区经过，交通便利。地理坐标：北纬30°25′49.7″，东经120°12′55.9″，海拔55米。海云洞所在区域广泛分布中生代沉积岩，地层为石炭系黄龙组灰色-深白灰色白云质灰岩，局部含粗晶灰岩，层状、巨厚层状结构，含方解石脉，方解石脉多铁质渲染，局部溶蚀作用强烈，岩类为沉积岩。根据海云洞现场勘察推测，造像所处岩体岩性为石灰岩。

　　海云洞造像现存龛窟两个，造像共六尊，为浙江省省级文物保护单位。造像雕凿年代为明代。主要病害类型有结构失稳、渗漏及表层劣化，病害分布如图1-297、图1-298。

37.2 结构失稳病害

　　本体裂隙失稳病害　　第一龛右侧有一条长约733毫米、宽约25毫米的机械裂隙，造像下方有一条长约648毫米、最宽处约88毫米的原生裂隙（如图1-297）。目前暂无结构失稳风险。

图1-297　第一龛病害分布图

图 1-298 第二龛病害分布图

37.3 渗漏病害

凝 结 水   第一龛存在一处凝结水病害（如图 1-299）。

37.4 表层劣化病害

主要为缺损、剥落、结壳、附积、斑迹、低等植物与微生物损害六类病害。

37.4.1 缺损   第一龛丁养浩像及其左右侍从头部缺损，第二龛丁松坡像、沈望云像及其侍从头部缺损（如图 1-300）。

37.4.2 剥落   第一龛造像左后方侍从像右上方存在剥落病害（如图 1-301）。

37.4.3 结壳   第一龛造像洞窟岩体左下角存在结壳病害（如图 1-302）。

37.4.4 附积   各个造像周围普遍存在附积现象（如图 1-303）。

37.4.5 斑迹   由于信众礼佛在洞内烧香，导致第一龛左侧丁家侍从造像头部以及丁养浩像腿部被烟熏而变成黑色（如图 1-304、图 1-305）。

37.4.6 低等植物与微生物损害   苔藓等低等植物分布于第一龛、第二龛各造像表面，病害面积约占第一龛总面积的 30%、第二龛总面积的 20%（如图 1-306）。

图1-299　凝结水

图1-300　缺损

图1-301　片状剥落

图1-302　结壳

图1-303　附积

图1-304　斑迹

图1-305　斑迹

图1-306　低等植物与微生物损害

38. 半山村摩崖石刻

38.1 概况

半山村摩崖石刻位于余杭区百丈镇半山村外半山自然村通往里半山自然村的道路边。地理坐标：北纬30°32′46.3″，东经119°42′27.5″，海拔169米。半山村摩崖石刻所在区域广泛分布中生代火山碎屑岩，地层为白垩系下统茶湾组浅灰绿色、紫红色凝灰质砂砾岩，颗粒大小相对均匀，岩类为沉积岩。根据半山村摩崖石刻现场勘察推测，摩崖石刻所处岩体岩性为凝灰岩。

半山村摩崖石刻目前尚未核定为保护单位，为第三次全国文物普查不可移动文物登录点，清代早期雕凿。主要病害类型有渗漏及表层劣化，病害分布如图1-307。

38.2 渗漏病害

面流水　半山村摩崖石刻共存在多处面流水病害（如图1-308、图1-309）。

图1-307　病害分布图

图 1-308　面流水

图 1-309　面流水

图 1-310　附积

图 1-311　微生物损害

图 1-312　微生物损害

38.3　表层劣化病害

主要为附积、低等植物与微生物损害两类病害。

38.3.1　附积　岩体表面有外界物质附积的面积约占石刻总面积的60%（如图1-310）。

38.3.2　低等植物与微生物损害　岩体表面存在低等植物与微生物病害，病害面积约占龛窟面积的40%（如图1-311、图1-312）。

39. 九仙山石刻造像

39.1 概况

九仙山石刻造像位于临安区玲珑街道九仙寺内。地理坐标：北纬 30°13′10.9″，东经 119°39′23.3″，海拔 239 米。临安区属江南地层区中江山至临安地层分区，境内地层自元古界震旦纪至新生界第四系，除中生界三叠系和新生界第三系缺失外，均有发育；区域构造属扬子准地台钱塘台褶带。在漫长的地质年代中，受印支运动和燕山运动的作用，构成境内地形地貌的多样性和奇特性。九仙山石刻造像所在区域的地层为石炭系船山组灰色－深灰色灰岩，局部含生物屑灰岩，含方解石脉，岩类为沉积岩。根据九仙山石刻造像现场勘察推测，造像所处岩体岩性为石灰岩。

九仙山石刻造像现存摩崖造像上下两层共九尊，为第三次全国文物普查不可移动文物登录点，雕凿年代为清代。主要病害类型有结构失稳、渗漏及表层劣化，病害分布如图 1-313。

图 1-313　病害分布图

39.2 结构失稳病害

本体裂隙失稳病害　造像存在四条机械裂隙，其中最长的一条位于中间，长约 1632 毫米，宽约 37 毫米（如图 1-313）。目前暂无结构失稳风险。

39.3 渗漏病害

面流水　存在面流水病害，病害面积约占龛窟面积的 20%（如图 1-314）。

由于九仙山石刻造像处于露天环境，雨季时，水自上而下流下，携带着造像上部山体的泥沙、腐殖物沉积等附着于造像表面及周围，造成造像表面及周围出现不同色泽、形态的污染。

39.4 表层劣化病害

主要为剥落、结壳、低等植物与微生物损害三类病害。

39.4.1 剥落　上层五尊佛像与下层四尊佛像风化残损严重，面部损毁，冠饰不清。粉末状剥落病害面积约占龛窟的 80%（如图 1-315）。

39.4.2 结壳　右上方岩壁上存在结壳病害（如图 1-316）。

39.4.3 低等植物与微生物损害　造像本体及其周围岩体凹陷部位生长了苔藓、地衣等低等植物，病害面积约占龛窟面积的 30%（如图 1-317）。

图 1-314　面流水

39.5 其他病害

人为破坏　　造像顶部存在大面积黑色物质污染，推测为岩体顶部平台的沥青流下，导致岩壁被大面积污染，且部分沥青已流至造像本体，对造像造成较大的危害（如图1-318）。

图1-315　粉末状剥落

图1-317　低等植物与微生物损害

图1-316　结壳

图1-318　人为破坏

40. 阴线刻坐佛

40.1 概况

阴线刻坐佛位于富阳区万市镇彭家村渚源美女山山腰。地理坐标：北纬 30°11′9.4″，东经 119°31′58.3″，海拔 500 米。阴线刻坐佛所在地区的地层为晚石炭－早二叠纪船山组灰色－深灰色灰岩，局部含生物屑灰岩，岩类为沉积岩。根据阴线刻坐佛现场勘察推测，造像所处岩体岩性为石灰岩。

阴线刻坐佛现存龛窟一个，摩崖造像一尊。阴线刻坐佛为本次石窟寺与摩崖造像专项调查中新发现的文物点，初定为清代雕凿。主要病害类型有结构失稳、渗漏及表层劣化，病害分布如图 1-319。

图 1-319　病害分布图

40.2 结构失稳病害

本体裂隙失稳病害　岩体左上方存在两条机械裂隙,一条长约 538 毫米、宽约 25 毫米,另一条长约 1283 毫米、宽约 12 毫米。阴线刻坐佛左侧存在两条机械裂隙,一条长约 748 毫米、宽约 11 毫米,另一条长约 560 毫米、宽约 5 毫米(如图 1-319)。目前暂无结构失稳风险。

40.3 渗漏病害

面流水　岩体表面存在面流水病害(如图 1-320)。

40.4 表层劣化病害

主要为剥落、低等植物与微生物损害两类病害。

40.4.1 剥落　岩体表面存在粉末状剥落,面积约占岩体总面积的 90%(如图 1-319)。

40.4.2 低等植物与微生物损害　岩体表面生长了大面积的苔藓、地衣等低等植物,面积约占岩体表面的 80%(如图 1-320)。

图 1-320　面流水

41. 灵隐石刻

41.1 概况

灵隐石刻位于富阳区万市镇平山村洞山自然村北面的灵隐山山腰。地理坐标：北纬30°5′53.7″，东经119°30′37.3″，海拔222米。灵隐石刻所在地区的地层为晚石炭－早二叠纪船山组灰色－深灰色灰岩，局部含生物屑灰岩，岩类为沉积岩。根据灵隐石刻现场勘察推测，摩崖石刻所处岩体岩性为石灰岩。

灵隐石刻现存龛窟一个，摩崖造像一尊，另有一则灵隐洞题记和灵隐石刻。灵隐石刻为第三次全国文物普查不可移动文物登录点。造像雕凿年代推测为清代。主要病害类型为结构失稳及表层劣化，病害分布如图1-321。

图 1-321　病害分布图

41.2 结构失稳病害

本体裂隙失稳病害　石刻右胸处存在两条机械裂隙，一条长约180毫米、宽约3毫米，另一条长约321毫米、宽约5毫米（如图1-321）。目前暂无结构失稳风险。

41.3 表层劣化病害

主要为缺损、低等植物与微生物损害两类病害。

41.3.1 缺损　造像面部、身体遭人为凿损，模糊不可辨（如图1-322）。

41.3.2 低等植物与微生物损害　岩体表面生长了苔藓、地衣等低等植物，病害面积约占龛窟面积的10%（如图1-322）。

图 1-322　缺损

42. 桂泉摩崖石刻

42.1 概况

桂泉摩崖石刻位于富阳区新登镇长兰村约二华里的铜锣湾石塔山西麓龙潭山洞口左侧石壁上，东贴石塔山，南为上陈自然村，西为茶湾山，北为铜锣湾。地理坐标：北纬30°2′6.3″，东经119°40′13.3″，海拔134米。桂泉摩崖石刻所在地区的地层为晚石炭－早二叠纪船山组灰色－深灰色灰岩，局部含生物屑灰岩，岩类为沉积岩。根据桂泉摩崖石刻现场勘察推测，摩崖石刻所处岩体岩性为石灰岩。

桂泉摩崖石刻目前尚未核定为保护单位，为第三次全国文物普查不可移动文物登记点，初定为清代雕凿。主要病害类型有结构失稳、渗漏及表层劣化，病害分布如图1-323。

图1-323　病害分布图

42.2 结构失稳病害

本体裂隙失稳病害　　共有八条风化裂隙，佛像头部有一条长约 262 毫米、宽约 22 毫米的风化裂隙，周围七条风化裂隙中最长的一条位于佛像头部左侧，长约 540 毫米，宽约 10 毫米（如图 1-323）。目前暂无结构失稳风险。

42.3 渗漏病害

面流水　　佛像表面及周围存在面流水病害（如图 1-324）。

42.4 表层劣化病害

主要为缺损、剥落、高等植物损害三类病害。

42.4.1 缺损　　佛像手部局部缺失（如图 1-325）。

42.4.2 剥落　　佛像右侧存在粉末颗粒状剥落病害（如图 1-326）。

42.4.3 高等植物损害　　佛像顶部存在高等植物损害（如图 1-327）。

图 1-324　面流水

图 1-325　缺损

图 1-326　粉末颗粒状剥落

图 1-327　高等植物损害

43. 百丈山石刻造像

43.1 概况

百丈山石刻造像位于富阳区新登镇双塔村百丈山南面山腰，坐北朝南。地理坐标：北纬 29°57′11″，东经119°43′49″，海拔156米。百丈山所在地区的地层为晚石炭－早二叠纪船山组灰色－深灰色灰岩，局部含生物屑灰岩，岩类为沉积岩。根据百丈山石刻造像现场勘察推测，造像所处岩体岩性为石灰岩。

百丈山石刻造像为本次石窟寺与摩崖造像专项调查中新发现的文物点，明代雕凿。主要病害类型有结构失稳及表层劣化，病害分布如图1-328。

图 1-328　病害分布图

图 1-329　原生裂隙　　　　　　　　　　　　　　　图 1-330　原生裂隙

43.2 结构失稳病害

本体裂隙失稳病害　　造像所处岩体的中间部位存在两条较大原生裂隙，左侧裂隙长约 1053 毫米、宽约 27 毫米（如图 1-329），右侧裂隙长 1787 毫米、宽 30 毫米（如图 1-329、图 1-330）。目前暂无结构失稳风险。

43.3 表层劣化病害

主要为剥落、结壳、附积、低等植物与微生物损害四类病害。

43.3.1 剥落　　造像中下方有两处层片状剥落病害（如图 1-331、图 1-332）。

43.3.2 结壳　　结壳病害面积约占龛窟面积的 20%，大都分布在龛窟四周（如图 1-333、图 1-334）。

43.3.3 附积　　岩体表面普遍存在积尘（如图 1-335、图 1-336）。

43.3.4 低等植物与微生物损害　　主要分布于百丈山造像岩体四周，左上方与右侧边较多（如图 1-337）。

图 1-331　层片状剥落

图 1-332　层片状剥落

图 1-333　结壳

图 1-334　结壳

图 1-335　积尘

图 1-336　积尘

图 1-337　低等植物与微生物损害

44. 小松源石刻造像

44.1 概况

小松源石刻造像位于桐庐县百江镇松村行政村小松源水库里山坳路边观音庵内。地理坐标：
北纬29°46′31.2″，东经119°21′48.4″，海拔260米。小松源石刻造像所在区域的地层为晚石炭-
早二叠纪船山组灰色-深灰色灰岩，局部含生物屑灰岩，层状、巨厚层状结构，岩质坚硬，含方
解石脉，岩类为沉积岩。根据小松源石刻造像现场勘察推测，造像所处岩体岩性为石灰岩。

小松源石刻造像现存龛窟一个，摩崖题刻一处，摩崖造像三尊，造像雕凿年代为南宋淳熙
十五年（1188）。小松源石刻造像为桐庐县县级文物保护单位。主要病害类型为结构失稳、渗漏及
表层劣化，病害分布如图1-338。

图 1-338 病害分布图

44.2 结构失稳病害

44.2.1 本体裂隙失稳病害 造像存在八条机械裂隙，其中最长的一条位于造像右侧，长约1494毫米，宽约8毫米。造像右侧还存在一条原生裂隙，长约1324毫米，宽约230毫米（如图1-338）。

44.2.2 危岩体（崩塌） 造像所在岩体本身的右后侧存在一处危岩体（如图1-339）。

图1-339 危岩体

44.3 渗漏病害

44.3.1 裂隙渗水 刻字表面存在裂隙渗水病害（如图1-340）。

44.3.2 凝结水 泗州菩萨像周围存在凝结水病害（如图1-341）。

图1-340 裂隙渗水

图1-341 凝结水

44.4 表层劣化病害

主要为缺损、斑迹、低等植物与微生物损害三类病害。

44.4.1 缺损　菩萨像右侧岩体存在缺损现象（如图 1-342）。

44.4.2 斑迹　石刻下方浇有水泥，作供烛台，蜡烛燃烧导致岩体表面出现烟熏痕迹，有损造像的艺术价值（如图 1-343）。

44.4.3 低等植物与微生物损害　造像表面及周围生长了苔藓、地衣等低等植物，主要集中于造像的左上方及右侧岩体，病害面积约占龛窟总面积的 10%（如图 1-344）。

44.5 其他病害

44.5.1 重塑镀金　造像存在颜料污染，污染区域主要在泗州菩萨像的莲花座上，病害面积约占总龛的 5%（如图 1-345），导致造像原有风貌受到破坏。

44.5.2 人为破坏　造像岩体周围违规建设小庙、浇筑水泥作供烛台。

图 1-342　缺损

图 1-343　斑迹

图 1-344　低等植物与微生物损害

图 1-345　颜料污染

45. 岩桥村石佛寺遗址造像

45.1 概况

岩桥村石佛寺遗址造像位于桐庐县凤川街道岩桥村。公布为桐庐县县级文物保护单位时，岩桥村石佛寺遗址造像又名"弥勒造像"。北纬 29° 48′ 39.6″，东经 119° 44′ 37.2″，海拔 42 米。造像所在区域的地层为晚石炭 - 早二叠纪船山组灰色 - 深灰色灰岩，局部含生物屑灰岩，层状、巨厚层状结构，岩质坚硬，含方解石脉，岩类为沉积岩。根据岩桥村石佛寺遗址造像现场勘察推测，造像所处岩体岩性为石灰岩。

造像点现建两进小庙，造像刻于第二进岩石上，雕凿年代推测为宋代。岩桥村石佛寺遗址造像为桐庐县县级文物保护单位。主要病害类型为结构失稳，病害分布如图 1-346。

45.2 结构失稳病害

本体裂隙失稳病害　造像右侧存在两条风化裂隙，右下方裂隙长约 286 毫米、宽约 21 毫米，右侧裂隙长约 206 毫米、宽约 7 毫米（如图 1-346）。目前暂无结构失稳风险。

45.3 其他病害

重塑镀金　造像通身均被重塑金身（如图 1-347）。

图 1-347　塑金身

图 1-346　病害分布图

46. 乌龙山玉泉寺佛像

46.1 概况

乌龙山玉泉寺佛像位于建德市梅城镇龙泉村乌龙山。梅城镇位于建德市东半部中心，南临新安江、富春江，东沿富春江北岸及陵山顶，北靠乌龙山，是富春江、新安江及兰江三江交汇口。地理坐标：北纬 29°33′42.1″，东经 119°31′13.8″，海拔 219 米。乌龙山玉泉寺佛像所在区域属浙西山地丘陵区，地层为石炭系船山组灰色－深灰色灰岩，局部含生物屑灰岩，含方解石脉，岩类为沉积岩。根据乌龙山玉泉寺佛像现场勘察推测，造像所处岩体岩性为石灰岩。

图 1-348　病害分布图

乌龙山玉泉寺佛像有龛窟一个，摩崖造像一尊，保存完好，主题为阿弥陀佛，雕凿于唐代。乌龙山玉泉寺佛像为建德市市级文物保护单位。主要病害类型为表层劣化，病害分布如图1-348。

46.2 表层劣化病害

主要为剥落病害。

剥落　　左侧岩体存在层片状剥落现象（如图1-349）。

图1-349　层片状剥落

46.3 其他病害

重塑镀金　　佛像表面镀金、窟龛内存在后期手画背光（如图1-350）。

图1-350　镀金身

小结　病害调查分析与结论

1. 结构失稳病害统计显示存在机械裂隙 31 处、风化裂隙 19 处、原生裂隙 13 处、危岩体 14 处、断裂 1 处，病害严重或存在结构失稳隐患的有 14 处。杭州地区石窟造像岩性以石灰岩和凝灰岩为主，其中石灰岩材料性能相对较稳定，凝灰岩因为形成原因复杂多样，其岩体强度及稳定性差异较大。因窟龛重力卸荷而发育的卸荷裂隙，是形成危岩体的主要原因；岩体机械裂隙的出现，主要是由于高等植物根系生长产生的劈裂作用所致。

2. 渗漏病害统计显示存在面流水 20 处、裂隙渗水 17 处、凝结水 7 处。本体裂隙的存在和发育是裂隙渗水的主要原因。杭州地区造像点约一半存在面流水病害，主要是由于这些造像点大多开凿在依山一侧或两侧的陡崖上，处于露天环境，顶部无挡雨结构；而杭州地区造像点约 75% 的点位存在机械裂隙，导致岩石裂隙中的地下水通过水岩作用侵蚀文物本体，基岩裂隙水沿裂隙及构造破碎带赋存并向临空面运移，对危岩体产生静水压力。

3. 表层劣化病害统计显示主要存在缺损、剥落、结壳、斑迹、生物病害等类型。杭州地区造像受低等植物与微生物侵蚀严重，超过 80% 的造像存在低等植物与微生物损害，主要原因是杭州地区造像点大多处于露天环境，且大多存在水害，环境潮湿，易滋养苔藓、地衣等低等植物或微生物；由于水害存在，并经历长时间温湿度、大气、风力、日照等自然风化作用及酸雨侵蚀，导致剥落、空鼓等病害；在 20 世纪 60 年代末，许多造像被人为破坏导致造像本体出现缺损。

第二章

台州、温州地区石窟造像
病害调查

第一节　台州地区石窟造像

1. 仙岩洞摩崖石刻

1.1　概况

仙岩洞摩崖石刻位于三门县浦坝港镇仙岩村以北的石笋山仙岩洞内。地理坐标：北纬28°58′38.6″，东经121°32′15.7″，海拔203米。仙岩洞摩崖石刻岩性为白垩系下统茶湾组熔结凝灰岩，夹少量凝灰质砂岩岩性组成，岩石呈灰色、紫褐色等，具弱熔结特征，假流纹构造，熔火山碎屑结构，厚层块状，表层风化，节理裂隙弱发育。

仙岩洞摩崖石刻原有五间三层楼及仙岩洞摩崖石刻，建筑大部分于20世纪60年代期间被毁，现仅存山门、门楼和断墙残壁。石刻共计造像十一尊、题刻四处、碑三通，洞口朝南，前为平台，约200平方米。1981年以"文信国公大忠祠"的名称被公布为三门县县级文物保护单位；2017年1月13日被公布为浙江省省级文物保护单位，公布名称为"仙岩洞摩崖石刻"。明嘉靖四十三年（1564）雕凿。主要病害类型有结构失稳、渗漏及表层劣化，病害分布如图2-1。

1.2　结构失稳病害

1.2.1　本体裂隙失稳病害　窟顶有风化裂隙；八仙造像上方，有多处风化裂隙；左起第五尊造像右下方存在一条粗长的机械裂隙，长约3120毫米，最宽处约81毫米，斜直走向（如图2-2）。石窟内石碑存在多处开裂（如图2-6）。

1.2.2　危岩体（崩塌）　在"海角天涯"右上方，存在一处约1.5米×2.5米×0.5米的危岩体，现状较稳定，但存在崩塌的风险（如图2-2）。

1.3　渗漏病害

1.3.1　面流水　八仙像右侧三尊全身及西方三圣像左一、右一两处岩面颜色明显污染加深，似岩面渗水痕迹（如图2-2）。

图 2-1　西方三圣像、八仙像病害分布图

图 2-2　裂隙

图 2-3　裂隙渗水

1.3.2 **裂隙渗水**　石窟内地面有流水痕迹，系洞内渗水流水（如图2-3）。

1.4 表层劣化病害

主要为剥落、表面溶蚀、结壳、斑迹、晶析以及低等植物与微生物损害六类病害。

1.4.1 **剥落**　八仙像上方岩体多处开裂，轻微外鼓，呈片状剥落（如图2-4）。

1.4.2 **表面溶蚀**　三圣像表面存在大量坑窝状孔洞（如图2-5）。

1.4.3 **结壳**　三圣像及八仙像均存在结壳病害，三圣像附近岩体分布更为密集（如图2-5）。

1.4.4 **斑迹**　八仙像表面均有不同程度的烟熏污染，左侧的几尊尤为明显（如图2-2）。

1.4.5 **晶析**　三圣像最左侧造像表面存在少许酥碱泛盐现象，呈白色结晶状（如图2-5）。

1.4.6 **低等植物与微生物损害**　石窟内地面存在大量苔藓（如图2-3）。

1.5 其他病害

不当修复　岩壁造像存在多处不当修补痕迹（如图2-7）。

图 2-4　片状剥落

图 2-5　表面溶蚀

图 2-6　石碑开裂

图 2-7　不当修复

2. 朝阳洞石造像

2.1 概况

朝阳洞石造像位于三门县花桥镇上潘村岭头晓霞山的朝阳洞内。地理坐标：北纬 28°53′42.7″，东经 121°29′43.6″，海拔 102 米。朝阳洞造像根据窟龛及大雄宝殿外岩石岩性推测所处岩体为凝灰岩。

朝阳洞坐西朝东，四面环山，洞高 3.5 米，宽 10 米，深 6.5 米，乃天然石洞。洞内有一龛，内塑三世佛石雕像三尊，每尊高 1.9 米，围 3.5 米。现朝阳洞造像前新修大雄宝殿，造像所处殿开间约 17 米，进深约 10 米，造像洞窟进深约 16 米，歇山式四坡顶，高约 10 米，从造型看当属明代，保存基本完好。于 2004 年公布为三门县县级文物保护单位。主要病害类型为结构失稳及表层劣化，病害分布如图 2-8。

图 2-8　病害分布图

2.2 结构失稳病害

本体结构失稳病害　　龛内左侧岩壁有一条机械裂隙，竖直走向，长约 700 毫米，宽约 4 毫米；造像顶部岩石上存在四条长短不一的风化裂隙，其中最长的长达 1310 毫米，宽约 13 毫米，皆呈横向走向（详见图 2-8 描红部分）。目前暂无结构失稳风险。

2.3 表层劣化病害

主要为缺损、剥落、附积、斑迹以及晶析五类病害。

2.3.1 缺损　　右侧佛像背部岩石开裂，开裂严重处存在局部缺失（如图 2-9、图 2-10）。

2.3.2 剥落　　造像顶部出现局部片状剥落，材质易碎（如图 2-11、图 2-12）。

2.3.3 附积　　佛龛内三尊造像肩部、底部皆存在烟尘附积（如图 2-13）。

2.3.4 斑迹　　佛龛内三尊造像底部常年受到烟熏作用，表面留下了大大小小浓淡不均的黑色烟熏垢层（如图 2-14）。

图 2-9　缺损　　　　　　　　　　　　　　图 2-10　缺损

图 2-11　片状剥落　　　　　　　　　　　图 2-12　片状剥落

图 2-13　附积

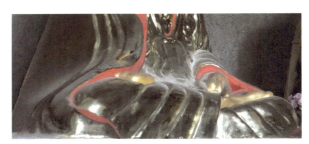

图 2-14　斑迹

图 2-15　晶析

2.3.5 晶析　右侧造像顶部区域出现大面积酥碱泛盐现象，色泽发白（如图2-15）。

2.4　其他病害

重塑镀金　三尊造像目前正面均塑金身（如图2-16）。

图 2-16　表面镀金

3. 大岭石窟造像

3.1 概况

大岭石窟造像位于临海市括苍镇 351 国道西安寺北侧。地理坐标：北纬 28° 53′ 23″，东经 120° 58′ 24″，海拔 100 米。临海地貌以侵蚀堆积最为发育，主体可分西南 - 西 - 北部山地丘陵、中部河谷平原、东部沿海平原和沿海岛屿四个类型。大岭石窟造像所处的括苍镇地处括苍山北麓，广泛分布中生代火山岩，中、粗粒花岗岩，造像呈灰白色，岩质坚硬，弱风化为主。根据大岭石窟现场勘察推测，造像所处岩体岩性为凝灰岩。

佛像原有五尊，据崖壁间造像题名，于 20 世纪 60 年代被人为损毁，现存靠东侧崖壁处一尊菩萨像，东侧壁龛内小佛像一尊保存稍好，余一尊存少许残石，建筑占地面积约 400 平方米。大岭石窟造像系元至正年间（1341—1368）台州路总管秃坚董阿等捐俸建造，于 1983 年 4 月 15 日被公布为临海市市级文物保护单位。主要病害类型有结构失稳及表层劣化，病害分布如图 2-17、图 2-18 所示。

图 2-17　弟子像病害分布图

图 2-18 菩萨像病害分布图

图 2-19 断裂裂隙

3.2 结构失稳病害

本体裂隙失稳病害 菩萨像肩颈连接处有一条风化裂隙，长约 551 毫米，宽约 9 毫米（如图 2-18 描红部分所示），东侧协侍半身像头部花冠与石窟顶相连，现右侧花冠出现一道横贯断裂裂隙，长约 1419 毫米，宽约 42 毫米，目前裂隙已经轻微错位，继续发育会影响造像结构稳定（如图 2-19）。

3.3 表层劣化病害

主要为缺损、剥落、斑迹及低等植物与微生物损害四类病害。

3.3.1 缺损
菩萨像面部右下角及身体右侧缺失严重，缺失面积约占菩萨像总面积 40%（如图 2-20）。

3.3.2 剥落
弟子像表面及右侧岩壁出现颗粒状剥落（如图 2-21）。

3.3.3 斑迹
弟子像面部有人为上色痕迹（如图 2-24）。

3.3.4 低等植物与微生物损害
菩萨像后岩壁霉菌、微生物生长（如图 2-22、图 2-23）。

3.4 其他病害

杂物堆积 弟子像附近有木板、稻草等杂物堆积（如图 2-25），属于易燃物品，且造像前方有香烛，易引发火灾。

图 2-20　缺损

图 2-21　颗粒状剥落

图 2-22　低等植物与微生物损害

图 2-23　低等植物与微生物损害

图 2-24　斑迹

图 2-25　杂物堆积

4. 清潭头石窟造像

4.1 概况

　　清潭头石窟造像位于临海市沿江镇清潭头村石佛堂的后山上。地理坐标：北纬28°45′56.9″，东经121°12′33.8″，海拔109米。临海境内背山面水，以山地和丘陵为主，地势自西向东倾斜。地貌受西北部的天台山脉和西南部的括苍山脉控制，类型复杂多样，由火山沉积岩及白垩系沉积岩组成。根据清潭头石窟造像现场勘察推测，造像所处岩体岩性为凝灰岩。

　　清潭头石窟造像现存大小两尊造像，大者释迦牟尼像凿壁成窟，小者罗汉像在窟顶之上，均坐北朝南。清潭头造像于1986年10月16日公布为临海市市级文物保护单位，初定为明崇祯年间（1628—1644）雕凿。主要病害类型有结构失稳及表层劣化，病害分布如图2-26、图2-27。

图 2-26　释迦牟尼像病害分布图

图 2-27　罗汉像病害分布图

4.2　结构失稳病害

本体裂隙失稳病害　　主窟释迦牟尼像左右两侧岩体风化裂隙，四条裂隙走向不规则，无明显规律，最长的一条长约 1655 毫米，最宽处约 18 毫米（如图 2-26）。目前暂无结构失稳风险。

4.3　表层劣化病害

主要为缺损、剥落、结壳、斑迹、高等植物损害以及低等植物与微生物损害六类病害。

4.3.1　缺损　　罗汉像左侧岩体大块缺损，右侧上方缺损小块岩体（如图 2-28），莲台也有部分缺失。

4.3.2　剥落　　罗汉像表面被水泥修补重塑过，水泥层开裂严重，脱落后可见内部岩石也出现片状剥落病害（如图 2-28）。

4.3.3　结壳　　主窟最左侧部分岩体表层发黑，为一层钙质结壳（如图 2-29）。

4.3.4　斑迹　　释迦牟尼像下方莲台，正中间岩体发黑，有明显的烟熏污染痕迹（如图 2-29）。

4.3.5 高等植物损害　　主窟造像上方岩体有根系植物生长（如图2-31）。

4.3.6 低等植物与微生物损害　　主窟造像所处岩壁两侧有霉菌、青苔等低等植物病害（如图2-29、图2-30）。

4.4 其他病害

不当修复　　主窟释迦牟尼像全身及罗汉像胸前等部位用水泥修补、重塑，且修补工艺差，外层水泥开裂脱落严重，与原状不符（如图2-28、图2-29）。

图2-28　缺损

图2-29　结壳

图2-30　低等植物与微生物损害

图2-31　高等植物损害

5. 大巍头石刻造像

5.1 概况

  大巍头石刻造像位于台州市黄岩区澄江街道大巍头村松岩山猢狲跳天梯头。地理坐标：北纬
28°36′18.2″，东经121°11′13.2″，海拔457.94米。黄岩辖区地形狭长，南、西、北三面环山，
地势西高东低，西部多高山、丘陵，中、东部谷地、河流并有。境内构造以断裂为主，辅有平缓
有褶曲及盆地构造，按全国地震烈度区划，市域属小于等于六度地区，为基本稳定区。出露地区
主要为侏罗系火山岩，在断陷盆地为白垩系陆相沉积岩，第四系分布于山麓地带及东部平原地带。
岩石主要有钾长花岗岩、流纹岩、凝灰流纹岩及经水相沉积的砂页岩、砂砾岩等。大巍头造像所
处松岩山，山体主要由上侏罗统火山岩、中酸性侵入岩组成，因此推测其岩体岩性为流纹岩。

  大巍头石刻造像共计一处窟龛，一尊造像，两处题刻，面积约20平方米。大巍头石刻造像依
山崖而雕凿，龛高1.25米，宽1.25米，深约0.4米，上部为圆拱形，两侧各有题字一列。大巍
头石刻造像目前尚未核定为保护单位，为第三次全国文物普查不可移动文物登录点，初定为明代
雕凿。主要病害类型有结构失稳及表层劣化，病害分布如图2-32。

图2-32　病害
分布图

图 2-33　缺损

图 2-34　表面溶蚀

图 2-35　剥落

5.2　结构失稳病害

本体裂隙失稳病害　　造像右下方有一条风化裂隙，自右侧题字下方沿岩壁向右上方延伸，长约 846 毫米，最宽处约 30 毫米；造像上部存在两条风化裂隙，沿龛窟呈弧形分布，外侧裂隙长约 1040 毫米、宽约 6 毫米，内侧裂隙长约 326 毫米、宽约 8 毫米（如图 2-32）。目前暂无结构失稳风险。

5.3　表层劣化病害

主要为缺损、剥落、表面溶蚀、结壳、附积以及低等植物与微生物损害六类病害。

5.3.1　缺损　　造像胸部以下、手及双腿均有不同程度的缺失（如图 2-33）。

5.3.2　剥落　　造像面部出现颗粒状剥落，集中在面部两侧部位（如图 2-34）。

5.3.3　表面溶蚀　　造像头部右侧存在一大片坑窝（如图 2-35）。

5.3.4　结壳　　造像两侧岩壁上存在结壳痕迹，呈现一层钙质黑色薄层（如图 2-36）。

5.3.5 附积　　造像前的地面上堆积了大片枯枝烂叶（如图2-37）。

5.3.6 低等植物与微生物损害　　造像头部左侧左耳及窟龛岩壁、造像底座有霉菌、苔藓生长（如图2-38）。

5.4 其他病害

不当修复　　造像腿部膝盖位置系人为不当修复造成破坏，钢筋裸露表面，在外界环境作用下钢筋生锈会导致造像表面形成锈斑，影响造像的外观（如图2-39）。

图 2-36　结壳

图 2-37　附积

图 2-38　低等植物与微生物损害

图 2-39　不当修复

6. 佛岭姑娘石雕像

6.1 概况

佛岭姑娘石雕像位于台州市黄岩区沙埠镇大虫坑村佛岭头西侧，地理坐标：北纬 28°31′41.7″，东经 121°9′39.8″，海拔 158 米。佛岭姑娘石刻造像地处大虫坑佛岭山，其周边生态植被茂盛。地质属于我国东南部新华夏构造体系二级隆起带临海－温州槽凹区。岩石主要有钾长花岗岩、流纹岩、凝灰流纹岩及经水相沉积的砂页岩、砂砾岩等，因此推测其岩体岩性为流纹岩。

石雕像依山而凿，砌有佛龛一尊，为圆拱形龛。现围绕窟龛建一平房。平房墙面与岩壁相接。窟龛位于平房西南角墙面上，高 1.9 米，宽 1.3 米，占地面积为 5 平方米。佛岭姑娘石雕像目前尚未核定为保护单位，为第三次全国文物普查不可移动文物登录点，初定为清代雕凿。主要病害类型有结构失稳、渗漏及表层劣化，病害分布如图 2-40。

图 2-40　病害分布图

6.2 结构失稳病害

本体裂隙失稳病害　窟龛上方所处岩面与窟龛开裂拉脱，形成一条机械裂隙，沿窟顶呈拱形分布，裂隙总长约 2138 毫米，裂缝最宽处达 10 毫米（如图 2-40 描红部分所示）。由于窟龛为砖及水泥材料依岩面砌筑，常年经受风化作用，材料逐渐劣化，最终形成裂隙，长此以往，裂隙逐渐扩大，将导致窟龛拉脱。

6.3 渗漏病害

裂隙渗水　窟龛顶部与房屋墙面间存在裂隙，有一处裂隙渗水，石雕像有少许渗水痕迹（如图 2-41）。

6.4 表层劣化病害

主要为剥落、表面溶蚀、结壳、斑迹以及低等植物与微生物损害五类病害。

6.4.1 **剥落**　雕像本体左下角出现局部层片状剥落病害（如图 2-42）。

6.4.2 **表面溶蚀**　雕像后方右侧岩壁上出现密密麻麻一大片坑窝（如图 2-43）。

6.4.3 **结壳**　雕像底座岩壁上有一层小于 1 毫米厚的钙质结膜，肉眼难以看清（如图 2-40）。

6.4.4 **斑迹**　雕像表面上银漆，窟龛岩壁涂红漆，且均已开裂、缺损（如图 2-44）。

6.4.5 **低等植物与微生物损害**　雕像头部左侧岩壁出现大片青苔，从头顶蔓延至肩部（如图 2-40）。

图 2-42　剥落

图 2-41　裂隙水

图 2-43　表面溶蚀

图 2-44　斑迹

7. 横山洞摩崖石刻

7.1 概况

横山洞摩崖石刻位于三门县健跳镇洋市村健（跳）木（勺）公路 3.7 公里处内侧巨石上。
地理坐标：北纬 29°1′34.6″，东经 121°39′33.4″，海拔 23 米。三门县地形为低山丘陵，地势
西北高、东南低，由西北向东南倾斜，湫水山在中部蟠结耸峙；海岸线曲折，岛屿众多，港湾深
嵌内陆；中、西部为低山丘陵地区，东部为滨海平原。区域岩性为熔结凝灰岩，夹少量凝灰质砂
岩，岩石呈灰色、紫褐色等，风化强度一般不深，因此推测其岩体岩性为凝灰岩。

横山洞摩崖石刻刻有石造像三尊，现围绕造像依岩壁修一保护性建筑，保护性建筑开间 4.3
米，进深约 2 米，造像正对大门，门外即公路路肩。横山洞摩崖石刻为无龛窟的浮雕样式，凿刻
于一巨石岩壁上，通高约 0.7 米，宽 1.4 米，石刻像底部距地高约 0.05 米。横山洞摩崖石刻目前
尚未核定为保护单位，属第三次全国文物普查不可移动文物登录点，凿刻年代为明清。主要病害
类型有渗漏及表层劣化，病害分布如图 2-45。

图 2-45 病害分布图

7.2 渗漏病害

凝结水　　造像所处建筑内潮湿，内墙面有明显水渍痕迹（如图2-46）。

7.3 表层劣化病害

主要为斑迹以及动物损害两类病害。

7.3.1 斑迹　　造像表面受烟熏污染，底部尤为明显（如图2-47）。

7.3.2 动物损害　　石刻像胸前、肘部等凿刻凹凸处有虫穴，建筑内角落亦有虫穴蛛网（如图2-48）。

7.4 其他病害

7.4.1 不当修补　　后人用水泥重塑佛像头部，建筑内墙壁粉刷成白色，色差明显，上方镌款现已漫漶（如图2-49）。

7.4.2 重塑镀金　　造像全身油漆塑金，表层漆面出现大面积剥落现象（如图2-50）。

7.4.3 人为破坏　　造像于20世纪60年代头部被凿。

图2-46　凝结水

图2-48　动物损害

图2-47　斑迹

图2-49　人为不当修复

图2-50　重塑镀金

8. 大悲洞石窟

8.1 概况

大悲洞石窟位于临海市杜桥镇，225省道下方水库河滩边。地理坐标：北纬 28°48′39.7″，东经 121°24′53.9″，海拔 30 米。杜桥镇的地质情况属于上侏罗、白垩纪的陆相中酸性火山岩系类河湖相沉积岩系，为第四纪全新世纪沉积平原，由于台州湾挟带的泥沙冲积，经海浪的搬运淤泥沉积而成。根据大悲洞石窟现场勘察推测，造像所处岩体岩性为凝灰岩。

大悲洞石窟洞口高约 2.2 米，宽约 14.1 米，洞内进深最深约 7.7 米，宽 14.1 米，顶最高为 3 米。造像位于进洞左手边靠近洞口的岩壁上，造像所处岩壁高约 2.3 米，宽约 4 米，每尊造像高约 1 米，宽约 0.55 米。大悲洞石窟为本次石窟寺与摩崖造像专项调查中新发现的文物点，初定为清代雕凿。主要病害类型有结构失稳、渗漏及表层劣化，病害分布如图 2-51。

图 2-51　病害分布图

8.2 结构失稳病害

8.2.1 本体裂隙失稳病害 造像主体存在七条风化裂隙，最长的长达 2523 毫米、宽约 3 毫米，最短的长约 394 毫米、宽约 4 毫米，大多呈竖直走向，且平行分布；造像上部有一条蜿蜒曲折、半环绕的原生裂隙，延伸至造像右下角，总长约 4867 毫米，最宽处约 48 毫米（如图 2-51 描红部分所示）。

8.2.2 危岩体（崩塌） 石窟上方岩壁较薄弱，洞口岩壁有开裂现象，洞窟顶部块石松散，且上方植物生长茂盛（如图 2-52），存在崩塌隐患。

8.3 渗漏病害

凝结水 造像表面存在大面积凝结水病害，石窟内洞顶岩石较之四周岩壁明显更加湿润（如图 2-53）。

图 2-52 危岩体

图 2-53 凝结水

8.4 表层劣化病害

主要为剥落、表面溶蚀、结壳、高等植物以及低等植物与微生物损害五类病害。

8.4.1 剥落　　造像表面除头部轮廓之外，眼睛、鼻子、身体、莲台等部位均存在粉末颗粒状剥落，造像 80% 面积的细节均已风化剥落缺失，难以辨识（如图 2-54）。

8.4.2 表面溶蚀　　石窟内四周岩壁上出现坑窝、沟槽状（如图 2-55）。

8.4.3 结壳　　造像表面以及周围岩壁上都存在水锈结壳痕迹（如图 2-56）。

8.4.4 高等植物损害　　造像所处洞穴上方植物生长茂盛（如图 2-52）。

图 2-54　剥落

图 2-55　表面溶蚀

8.4.5 低等植物与微生物损害　　造像表面青苔、霉菌生长（如图 2-57）。大悲洞地处野外河滩，环境适宜低等植物的生长发育，微生物分泌的腐殖酸侵蚀加剧岩石矿物成分劣化，使微观结构松散、损伤，干燥、死亡、变黑的微生物形成表面污染。

8.5 其他病害

8.5.1 泥沙淤积　　石窟位于河滩边，常有流水河沙倒灌。洞窟内泥沙淤积，岩壁表面可见清晰水位线（如图 2-58）。

8.5.2 杂物堆积　　造像前人为堆积大量杂物，长期无人清理，容易引发火灾。

图 2-56　结壳

图 2-57　低等植物与微生物损害

图 2-58　泥沙淤积

9. 石鼓洞石窟

9.1 概况

石鼓洞石窟位于临海市桃渚镇芙蓉村沙门头紫霞山上。地理坐标：北纬 28°50′19.8″，东经 121°30′51.2″，海拔 170 米。临海地质构造属华夏陆台闽浙地质的组成部分，属坚硬的潜火山岩和侵入岩亚区（I1），由流纹岩、英安岩、安山岩、花岗岩、二长岩、玻基辉橄岩等组成，岩石抗风化能力较强，风化强度一般不深。石鼓洞造像所处岩体推测为凝灰岩。

石鼓洞石窟共计有石窟洞一座，窟龛一间，造像一尊，外修寺院一座二间。相关文物建筑面积约 200 平方米。石鼓洞原洞窟洞口宽约 15 米，进深约 16 米。造像三处窟龛位于洞窟正中，造像高 0.6 米，宽 0.45 米，单个窟龛高 0.8 米，宽 0.9 米，窟龛面凸出岩壁，龛底设斗拱，离底部平台约 1.2 米高，造型独特。石鼓洞造像为本次石窟寺与摩崖造像专项调查中新发现的文物点，初定为明代雕凿。主要病害类型有结构失稳及表层劣化，病害分布如图 2-59。

9.2 结构失稳病害

本体裂隙失稳病害　窟龛顶部有一条风化裂隙，长约 433 毫米，宽约 5 毫米，呈横向开裂（如图 2-59 描红部分）。目前暂无结构失稳风险。

9.3 表层劣化病害

主要为缺损、剥落、附积、晶析、动物损害以及高等植物损害六类病害。

9.3.1 缺损　造像下侧以及左侧岩体存在大块岩石缺失痕迹，缺损部位凹陷明显（如图 2-60）。

9.3.2 剥落　造像顶部左上方龛窟部位存在片状剥落现象（如图 2-61）。

9.3.3 附积　造像所处平台底部堆积少许岩石碎片以及香灰（如图 2-62）。

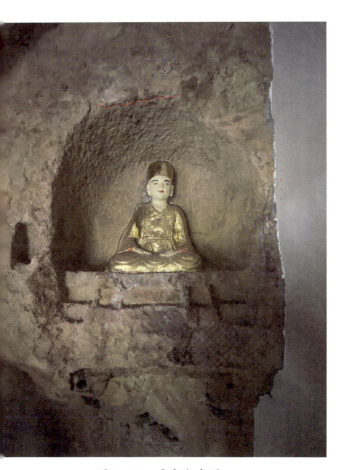

图 2-59　病害分布图

9.3.4 晶析　　造像下方及右侧岩体表面析出灰白色结晶状物质，局部泛白（如图2-63）。

9.3.5 动物损害　　造像窟龛岩壁上有多处虫穴（如图2-64）。

9.3.6 高等植物损害　　寺庙依山而建，与山体相连，连接处植被茂盛（如图2-65）。

9.4 其他病害

重塑镀金　　造像全身镀金（如图2-59）。

图 2-60　缺损

图 2-61　片状剥落

图 2-62　附积

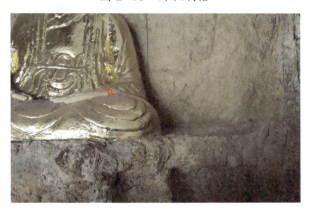

图 2-63　晶析

图 2-64　动物损害

图 2-65　高等植物损害

10. 香岩石窟造像

10.1 概况

香岩石窟造像位于临海市东塍能仁村下面一个村车门坦香岩路廊上。地理坐标：北纬28°58′47″，东经121°15′19.7″，海拔344米。台州市地质构造以断裂为主，褶皱不发育。出露地层主要包括前第四系中生界的白垩系主侏罗系地层，岩性以沉积岩为主，岩体结构多呈块状、层状。香岩石窟造像所处岩体呈流纹状，推测主要为凝灰岩。

香岩石窟造像共计一处窟龛，为莲花状，造型精美，窟龛内三尊造像，相关文物建筑面积约20平方米。造像窟龛前为公路，现为造像修一小庙宇，前后无墙，公路穿庙宇而过，造像所处公路对面墙开一小窗洞。香岩石窟造像为本次石窟寺与摩崖造像专项调查中新发现的文物点，初定为明代雕凿。主要病害类型有渗漏及表层劣化，病害分布如图2-66。

图 2-66　病害分布图

图 2-67　凝结水

图 2-68　缺损

图 2-69　附积

图 2-70　高等植物损害

10.2　渗漏病害

凝结水　整个窟龛岩壁均有凝结水，表面潮湿（如图 2-67）。

10.3　表层劣化病害

主要为缺损、附积、斑迹、高等植物损害以及低等植物与微生物损害五类病害。

10.3.1　缺损　龛窟下方两侧岩体均存在不同程度缺损（如图 2-68）。

10.3.2　附积　造像主体和下方台座附着大量香灰及剥落的碎片（如图 2-69）。

10.3.3　斑迹　靠近烛台的岩体部位色泽发黑，有明显烟熏痕迹（如图 2-68）。

10.3.4　高等植物损害　所处岩壁山后有根系植物生长（如图 2-70）。

10.3.5　低等植物与微生物损害　龛窟顶部两侧出现大片青苔（如图 2-68）。

10.4　其他病害

10.4.1　不当修补　香岩石窟造像所处庙宇北侧立柱与岩体搭接的墙面产生拉脱裂隙，窟龛台面水泥抹灰修补（如图 2-68）。

10.4.2　重塑镀金　造像全身镀金（如图 2-68）。

11. 四果洞造像

11.1 概况

四果洞造像位于天台县赤城街道桐柏山南侧加油站路口向前一个小山坡上的四果洞内。地理坐标：北纬 29°9′0.7″，东经 121°2′36.2″，海拔 112 米。四果洞造像区域广泛分布中生代火山岩，现场推测四果洞造像所处岩体岩性为凝灰岩。

四果洞造像共计一处石窟洞，六尊造像，洞窟面积约 80 平方米。四果洞六尊造像左侧三尊为坐像，可辨头部、身体和莲台，右侧为一半身像，面部鼻子、眼睛、嘴巴依稀可辨，半身像两侧小弟子像，造像已难以辨识，仅残存凸起轮廓。四果洞造像为本次石窟寺与摩崖造像专项调查中新发现的文物点，初定为明清时期雕凿。主要病害类型有结构失稳、渗漏及表层劣化，病害分布如图 2-71。

图 2-71　病害分布图

图 2-72　危岩体

图 2-73　凝结水

11.2　结构失稳病害

危岩体（崩塌）　　窟内岩体可见明显差异风化，尤其是洞口左侧的岩体根据颜色可见明显分层，各自呈不同程度的风化，窟顶部有部分岩体已经开裂掉落（如图 2-72），存在崩塌隐患。

11.3　渗漏病害

凝结水　　左侧三尊造像下方岩壁表面明显潮湿（如图 2-73）。

11.4　表层劣化病害

主要存在剥落、结壳、高等植物损害以及低等植物与微生物损害四类病害。

11.4.1　剥落　　六尊造像表面均存在不同程度的风化及剥落，造像面貌已模糊不清，仅存轮廓（如图 2-73）。

11.4.2　结壳　　主要位于造像左下角（如图 2-73）。

11.4.3　高等植物损害　　洞窟顶部植被茂盛，根系发达（如图 2-74）。

11.4.4　低等植物与微生物损害　　造像表面及下方有霉菌及苔藓生长（如图 2-73）。

图 2-74　高等植物损害

小结　病害调查分析与结论

1. 结构失稳病害统计显示存在风化裂隙 7 处、机械裂隙和危岩体各 3 处、断裂和原生裂隙各 1 处，病害严重或存在结构失稳隐患的有 7 处。台州地区石窟寺（摩崖造像）多为明清时期开凿，岩性为凝灰岩为主的火山碎屑岩，岩体强度及稳定性差异较大。重力卸荷而发育的卸荷裂隙，是引起结构失稳的主要因素；其次岩体抗风化能力较差。

2. 渗漏病害统计显示存在凝结水 4 处，裂隙渗水 2 处，其中 1 处较为严重。本体裂隙的存在和发育是裂隙渗水的主要原因；台州地区地处沿海，水汽充足，而造像多在洞窟内，其小环境与露天自然环境反差较大，为石窟洞室凝结水的形成提供了条件，另外多处的裂隙使岩土内部水汽运移比较活跃，也是凝结水形成的原因之一。

3. 表层劣化病害统计显示主要存在缺损、剥落、结壳、斑迹、生物病害等。台州地区地处沿海，合适的温湿度环境使干湿循环作用频繁，表层岩石力学状态发生损伤破坏，加速了风化剥落损伤。这些石窟寺常年对外开放，当地居民在造像前摆有烛台、香炉以供祭祀之用，造像表面多烟熏斑迹以及烟灰积尘，且不及时清理。

4. 其他病害统计显示普遍存在不当修补、重塑镀金的现象。由于保护理念及当地风俗上的差异，台州地区造像后期多重塑镀金。同时，由于施工工艺落后，常常对造像采取简单的水泥修补，不仅存在色差影响美观，且最终会分解成对石质文物有害的盐分。

第二节　温州地区石窟造像

1. 石马山岩画

1.1 概况

石马山岩画位于瑞安市林溪乡溪坦村南面，工艺路 123 号房屋对面，温州永丰工艺品有限公司分厂厂房后。地理坐标：北纬 27° 54′ 17.1″，东经 120° 25′ 32.4″，海拔 46 米。石马山岩画所处岩体岩性为侏罗系上统磨石山组，经岩矿鉴定为含角砾流纹质晶屑熔凝灰岩，块状构造，岩质坚硬，弱风化为主，抗风化能力强。

石马山岩画所在岩面较平整，稍倾斜。自地表向上高约 6 米，宽约 12 米。按岩画自然界缝可分为三组，画面全部用刻凿法，刻"永定元年七月廿七日"纪年文字。永定为南朝陈武帝年号，推测凿刻年代为南北朝。1997 年 8 月 29 日，石马山岩画被公布为第四批省级文物保护单位。2020 年 6 月，完成修缮保护工程。

1.2 结构失稳病害

本体裂隙失稳病害　岩石本体存在四条较长的原生裂隙，其中最长的长达 5944 毫米，宽约 20 毫米，都是斜向开裂，由左下角向右上角延伸（如图 2-75）。裂隙现已修补完毕，目前暂无结构失稳风险。

图 2-75　病害分布图

2. 石佛山摩崖石刻

2.1 概况

石佛山摩崖石刻位于瑞安市高楼乡东村石佛山东麓岩壁上。地理坐标：北纬 27°47′57.4″，东经 120°18′56″，海拔 82.41 米。石佛山摩崖石刻地貌上为低山丘陵地区，石佛山整体走向为北—北—东向延伸，山顶高程 200～600 米，整体呈北高南低分布，石刻位于山体西麓，山体基岩大多裸露，周边植被发育，以乔木为主。摩崖石刻位于坡麓中下部岩壁上，岩壁高约 4—10 米，前缘浇筑有人工平台，后缘为自然斜坡山体，山体地形坡度 15—30°。石刻所属山体地质史上的燕山晚期，地壳活动逐渐减弱，第四纪火山活动趋向平静，瑞安境内的花岗岩地貌在这一时期基本成型，经过长期的自然风化、侵蚀、搬运、堆积等外力作用，造成了石佛山如今的自然景观。经岩矿鉴定石佛山摩崖石刻石材为花岗岩。

石佛山摩崖石刻共计佛像四尊、头像一尊、"石佛记"等题刻若干处，分布面积约 60 平方米，元延祐元年（1314）刻画。2011 年 1 月 7 日，石佛山摩崖石刻被列入第六批省级文物保护单位。2020 年 6 月完成修缮保护工程。

图 2-76　病害分布图

2.2 结构失稳病害

本体裂隙失稳病害　　岩体存在一条原生裂隙以及两条纵贯岩体的机械裂隙，最长的长约4156毫米，最宽处约284毫米，竖直走向，且平行分布；机械裂隙是受上方树木根系膨胀撑裂所致；岩体拉脱开裂，构成危岩体，经修缮加固，已无结构失稳隐患。岩体上还存在约十条风化裂隙，最长的长约1323毫米，宽约26毫米，右上方裂隙呈"井"字形分布，其余裂隙分布及走向无明显规律，均已注浆加固处理（如图2-76）。

2.3 表层劣化病害

主要为缺损病害。

缺损　　左二佛头像下方小块碎石缺失掉落（如图2-77）。

图 2-77　缺损

3. 岩庵坑摩崖石刻

3.1 概况

岩庵坑摩崖石刻位于瑞安市高楼乡东北 3.5 公里东村村岩庵坑山南麓岩壁上。地理坐标：北纬 27°47′52.4″，东经 120°19′6.5″，海拔 96.82 米。东村整个村落沿山麓呈南北向分布，海拔约 25 米，距离市区约 35 公里。该摩崖画像位于该村南部，北为石佛山，东为杨梅山，西为岩庵坑水库。岩庵坑摩崖石刻所处区岩性推测为花岗岩。

岩庵坑摩崖石刻共有比丘摩崖刻像和六祖慧能大鉴禅师菩萨坐像两尊，以及"曹溪"等题记四处，均采用线刻和浮雕相结合的方法凿刻。2011 年 1 月 7 日，岩庵坑摩崖刻像与石佛山摩崖刻像一起被列入第六批省级文物保护单位，公布名称为"石佛山摩崖石刻"。初定为元代雕凿，主要病害类型有结构失稳、渗漏及表层劣化，病害分布如图 2-78、图 2-79。

图 2-78　比丘坐像病害分布图

图 2-79　六祖慧能大鉴禅师坐像病害分布图

3.2　结构失稳病害

3.2.1　本体裂隙失稳病害　六祖慧能大鉴禅师像表面有一条风化裂隙，长约398毫米，宽约2毫米，自上而下纵向穿过刻像本体（如图2-79描红部位所示）。

3.2.2　危岩体（崩塌）　六祖慧能大鉴禅师像石窟洞为块石堆砌，现顶部石板风化开裂，窟顶块石松散，且有根系植物生长，存在结构失稳安全隐患（如图2-80、图2-81）。

图 2-80　危岩体（块石堆砌、根系生长）

图 2-81　危岩体（顶部石板开裂）

图 2-82　面流水　　　　　　　　　　　　　　　　图 2-83　裂隙水

图 2-84　斑迹　　　　　　　　　　　　　　　　　图 2-85　蜘蛛网

3.3　渗漏病害

3.3.1　面流水　　下方"曹溪"刻字及表面均有流水痕迹及水锈结壳（如图 2-81）。

3.3.2　裂隙渗水　　六祖慧能大鉴禅师像左侧顶部有两处渗水口（如图 2-83）。

3.4　表层劣化病害

主要为剥落、结壳、斑迹、动物损害以及低等植物与微生物损害五类病害。

3.4.1　剥落　　原有刻字漫漶，难以识别，下方"曹溪"刻字及禅师全身坐像表面粉末状风化（如图 2-82、图 2-83）。

3.4.2　结壳　　所处岩体及窟内六祖慧能大鉴禅师坐像表面均存在水锈结壳现象（如图 2-82）。

3.4.3　斑迹　　岩壁及造像岩面有明显的烟熏污染痕迹（如图 2-84）。

3.4.4　动物损害　　岩体及石窟洞内多虫穴、蛛网（如图 2-85）。

3.4.5　低等植物与微生物损害　　下方"曹溪"及比丘坐像所处岩壁表面均有霉菌生长（如图 2-82）。

4. 樟山摩崖造像

4.1 概况

樟山摩崖造像位于文成县龙川乡过山村樟山自然村，自县城至南田方向 7.9 公里处，56 省道公路旁。地理坐标：北纬 27°47′49.3″，东经 120°2′58.8″，海拔 296 米。过山村地处文成县东部山区，周边翠峰连绵，文成县境内山地面积占全县总面积的 82.5%，地势自西北向东南倾斜，为典型的山地地貌。根据现场观察，樟山摩崖造像所处岩体岩性推测为花岗岩。

樟山摩崖造像刻于不规则球形单一花岗岩巨石南面，顶部刻窟檐，共计三尊人像。造像均高 1.2～1.3 米，线刻总面积约 4 平方米。樟山摩崖造像于 1984 年被列为文成县第二批文物保护单位。元泰定三年（1326）雕凿。主要病害类型有结构失稳、渗漏及表层劣化，病害分布如图 2-86。

4.2 结构失稳病害

危岩体（崩塌）　造像所处岩石西侧悬空，下方形成一处 2 米高、进深 3 米的洞窟，尚未

图 2-86　病害分布图

探明巨石与东侧道路的接壤情况，可能存在结构失稳，若受到较大的震动作用，容易滑落崩塌，存在失稳风险（如图2-87）。

4.3 渗漏病害

面流水　　造像所处岩体色泽深润，表面污染严重（如图2-88）。

4.4 表层劣化病害

主要为剥落、表面溶蚀、结壳、附积以及低等植物与微生物损害五类病害。

4.4.1 剥落　　主要为粉末状剥落，几乎整面岩壁均存在风化现象。其中造像右上角0.5平方米区域原为题记刻字，刻字处字迹现已漫漶（如图2-88）。周围碑刻上的文字也模糊不清，难以辨读（如图2-89）。

4.4.2 表面溶蚀　　造像所处岩面风化溶蚀，产生小的孔洞（如图2-90）。

4.4.3 结壳　　造像所处整块岩石表面均存在水锈结壳痕迹（如图2-88）。

4.4.4 附积　　造像地处野外，周边植被茂盛，枝叶掉落后被风吹至岩体前，长期无人清理，造像周围地面堆积有大量的枯枝烂叶，腐烂的枝叶会生成多种酸性物质，加剧岩体表面各类化学反应的发生，侵蚀岩体（如图2-88）。

4.4.5 低等植物与微生物损害　　造像所处岩石表面霉菌、青苔生长；岩石周边有杂草、根系植物生长（如图2-88）。

图2-87　危岩体

图2-88　面流水

图2-89　剥落

图2-90　表面溶蚀等

5. 法华禅寺及石刻造像

5.1 概况

法华禅寺及石刻造像位于乐清市南岳镇上岙嵩山南面山谷中，东至石佛坑，北至大夫垄。地理坐标：北纬28°12′42.4″，东经121°5′3.6″，海拔69.1米。造像位于法华禅寺前山路向东约200米处一座二层小庙内，庙坐北朝南，依山而建，室内北侧墙面即为造像所处崖壁。造像表面塑金，根据周边岩体判断为花岗岩。

法华禅寺创建于唐代，系当地嵩山方氏始祖唐银青光禄大夫方绮施舍创建，昭宗光化间（898—900）赐额，清乾隆二十六年（1761）重建，民国二十一年（1932）再次重建。石刻造像为清代凿刻。造像共计三尊，一尊菩萨立像与左右两侧胁侍的两尊天王塑像。石刻造像（归入法华禅寺内）于1983年被公布为乐清县县级文物保护单位。主要病害类型有结构失稳、渗漏及表层劣化，病害分布如图2-91。

图2-91　病害分布图

图 2-92　危岩体

图 2-93　凝结水

图 2-94　结壳

5.2 结构失稳病害

5.2.1 本体裂隙失稳病害 造像左侧存在一条原生裂隙，长约 1219 毫米，宽约 28 毫米，斜直走向；造像周边还存在三条风化裂隙，最长的长约 819 毫米，宽约 3 毫米，分布及走向无明显规律（如图 2-91 描红部位）。

5.2.2 危岩体（崩塌） 室外造像所处岩体后方有根系植物生长，根系已经深入岩体裂隙之中，形成一处危岩体（如图 2-92）。

5.3 渗漏病害

凝结水 造像所处室内环境潮湿，整面岩壁及室内横梁多处有凝结水痕迹（如图 2-93）。

5.4 表层劣化病害

主要为结壳、斑迹以及动物损害三类病害。

5.4.1 结壳 佛像周围岩壁上存在大面积水锈结壳病害（如图 2-94）。

5.4.2 斑迹 莲台底部岩石有明显的烟熏痕迹（如图 2-94）。

5.4.3 动物损害 造像岩壁表面及上方梁有蛛网、虫穴（如图 2-95）。

5.5 其他病害

重塑镀金 造像塑金身，初步勘查认为是表面抹灰后上涂料（如图 2-94），且造像右腿衣褶小部分漆面已经开裂剥落（如图 2-96）。

图 2-95 动物损害

图 2-96 其他病害

6. 双岙石胜观摩崖造像

6.1 概况

双岙石胜观摩崖造像位于温州市龙湾区永中街道双岙村石胜观后院古佛岩岩壁上。地理坐标：北纬 27°54′50.8″，东经 120°46′26″，海拔 18 米。龙湾区地貌上属浙东南火山岩低山丘陵区，其山体由花岗岩、凝灰岩等火山岩系构成。石胜观摩崖造像所处岩体目测为花岗岩。

摩崖造像共十四尊，为佛、道混合造像群。最大的一尊，通高 1.33 米，宽 0.55 米，凸出 0.21 米。双岙石胜观摩崖造像于 2003 年 9 月被公布为龙湾区区级文物保护单位，初定为宋代雕凿。主要病害类型有结构失稳、渗漏及表层劣化，病害分布如图 2-97 至图 2-101。

图 2-97　观音坐像病害分布图　　　　图 2-98　药师佛、释迦牟尼佛、阿弥陀佛病害分布图

图 2-99　摩诃目连像及五尊观音像病害分布图

图 2-100　土地神病害分布图

图 2-101　三官坐像病害分布图

6.2 结构失稳病害

6.2.1 本体裂隙失稳病害

药师佛、释迦牟尼佛、阿弥陀佛三尊造像上部存在一条机械裂隙，长约 3781 毫米，最宽处约 138 毫米（如图 2-98）。

摩诃目连像及五尊观音像左上角存在一条原生裂隙，长约 1142 毫米，宽约 123 毫米；造像上部存在一条机械裂隙，长约 3819 毫米，最宽处约 80 毫米；造像右侧及上方还存在三条风化裂隙（如图 2-99）。

土地神像左侧存在一条原生裂隙，长约 439 毫米，宽约 69 毫米；造像右侧及上方还存在三条风化裂隙，其中最长的一条长约 820 毫米，宽约 8 毫米（如图 2-100）。

三官坐像上方存在一条机械裂隙，长约 1565 毫米，最宽处约 30 毫米，折线走向，周围岩壁还存在四条风化裂隙（如图 2-101）。

6.2.2 危岩体（崩塌）

窟檐裂隙处存在水泥挡雨修补痕迹，岩体底部用块石垫置（如图 2-102）。水泥修补系不当修复，强度较低，容易重新开裂，底部垫石与上方造像连接整体性较差，容易拉脱滑落，造像整体存在结构失稳安全隐患，有崩塌风险。

6.3 渗漏病害

面流水　　　部分造像表面存在面流水病害（如图 2-103）。

6.4 表层劣化病害

主要为缺损、剥落、表面溶蚀、结壳、斑迹、动物损害以及低等植物与微生物损害七类病害。

6.4.1 缺损　　　东起第三尊佛像（释迦牟尼佛）右手手腕起手掌部分缺失（如图 2-104）。

图 2-102　危岩体

图 2-103　面流水

图 2-104　缺损

图 2-105　剥落

6.4.2 剥落　多尊造像表面五官、神态模糊不清，仅剩大体轮廓可见（如图 2-105）。粉末状剥落产生原因主要是岩石表层水渗流、溶蚀作用，表层岩石胶结物流失或长石等易风化矿物分解、蚀变，颗粒失去胶结联结作用，出现泥化或沙化破坏现象。且造像表面后期涂刷颜料，颜料掉落产生的拉力加剧了内部造像表层的剥落，造像失去原有风貌，难以修复。

6.4.3 表面溶蚀　东起第三尊佛像（释迦牟尼佛）手臂臂膀处有大量坑窝状孔洞（如图 2-104）。

6.4.4 结壳　造像表面及四周岩壁均存在不同程度的水锈结壳病害（如图 2-106）。

6.4.5 斑迹　所有造像表面均存在颜料涂刷（如图 2-97 至图 2-105）。

6.4.6 动物损害　窟龛内有虫卵、巢穴（如图 2-107）。

6.4.7 低等植物与微生物损害　造像本体及周围岩壁长有苔藓、霉斑，且四周有植物根系生长（如图 2-102、图 2-106）。

6.5 其他病害

不当修复　东起第一至四尊造像及岩壁有水泥砂浆修补痕迹（如图 2-103）。

图 2-106　结壳

图 2-107　动物损害

7. 瑶溪倒垄坑摩崖造像

7.1 概况

瑶溪倒垄坑摩崖造像位于温州市龙湾区省级风景名胜区瑶溪风景区境内，倒垄坑水库防洪道口北侧。地理坐标：北纬 27°55′28.1″，东经 120°44′41.5″，海拔 55 米。根据现场勘察，瑶溪倒垄坑摩崖造像所处岩体岩性推测为花岗岩。

瑶溪倒垄坑摩崖造像未设窟龛，现有摩崖造像一尊，线刻字一列，造像高约 0.8 米，宽约 0.5 米。瑶溪倒垄坑摩崖造像目前尚未核定为文物保护单位，为第三次全国文物普查不可移动文物登录点，初定为清代雕凿。主要病害类型有结构失稳、渗漏及表层劣化，病害分布如图 2-108。

7.2 结构失稳病害

7.2.1 本体裂隙失稳病害 造像左侧存在一条原生裂隙，下方存在三条风化裂隙；最长的原生裂隙长约 3908 毫米，宽约 37 毫米，竖向分布，三条风化裂隙都较短，分布无明显规律（如图 2-108）。

7.2.2 危岩体（崩塌） 造像位于一块孤石岩面，依附于右侧岩体，空隙较大，支撑较小，可能会影响造像本体结构安全（如图 2-109）。

7.2.3 滑坡 造像坡上可能存在山体滑坡现象（如图 2-110）。

7.3 渗漏病害

面流水 表面有面流水痕迹，整面岩壁长 4.5 米，宽 2.8 米，面积约 12.6 平方米，表面长期受雨水侵蚀（如图 2-109）。

7.4 表层劣化病害

主要为剥落、结壳、晶析、高等植物损害以及低等植物与微生物损害五类病害。

7.4.1 剥落 造像表面有多处层片状剥落，造像手部及胸前两处刻线粉末状剥落，模糊不清（如图 2-111）。

7.4.2 结壳 造像本体及周边岩壁存在水锈结壳病害（如图 2-109、图 2-111）。

7.4.3 晶析 造像四周多处存在白色结晶物质，分布较广，但不密集（如图 2-111）。

7.4.4 高等植物损害 造像所处岩石周边杂草等植物生长茂盛（如图 2-109）。

7.4.5 低等植物与微生物损害 造像左侧及下方有青苔生长痕迹（如图 2-112）。

图 2-108　病害分布图

图 2-109　危岩体

图 2-110　滑坡

图 2-111　剥落

图 2-112　低等植物与微生物损害

小结　病害调查分析与结论

1. 结构失稳病害统计显示存在危岩体 5 体、风化裂隙 4 处、原生裂隙 3 处，机械裂隙 1 处，可能存在山体滑坡 1 处。除了近期修缮完成的两处省保单位以外，其余五处均存在结构失稳隐患，建议对这 5 处病害进行工程保护。

2. 渗漏病害统计显示共存在面流水 4 处，其中 3 处较为严重。该 4 处均为摩崖造像，并无窟龛，顶部无任何挡雨设施，温州为沿海地区，多雨，雨水直接冲刷造像表面，水流的冲刷及裹挟作用将表面酥松的岩石颗粒、色泽矿物冲蚀掉，对表层岩石直接造成冲蚀破坏。建议对这 4 处病害进行工程保护。

3. 表层劣化病害统计显示主要存在剥落、斑迹、结壳、生物病害等类型，主要是由于面流水等渗漏病害引起，建议进行工程保护。

第三章

绍兴、宁波、舟山地区
石窟造像病害调查

第一节　绍兴地区石窟造像

1. 柯岩造像及摩崖题刻

1.1　概况

柯岩造像及摩崖题刻位于绍兴市柯桥区柯岩街道柯岩风景区内，西距绍兴城8公里。地理坐标：北纬30°2′57.4″，东经120°28′32.4″，海拔11米。调查点地形以丘陵为主，为原来矿山采石场开凿而成，文物本体则位于坡脚地带，从地势上看，坡顶约90米，坡脚约10米，山体坡度一般在10～20°之间。调查区基岩出露，呈陡崖分布，覆盖层浅薄，坡顶植被覆盖。调查区广泛分布中生代火山岩，白垩系下统朝川组，岩性以灰色、紫红色砂砾岩、细粉砂岩为主，属火山碎屑沉积相，其中，岩体中角砾广泛分布面大小不等，岩体弱风化，工程地质良好，节理裂隙弱发育，局部存在不利结构面，其所处岩体岩性为凝灰岩。

柯岩造像及摩崖题刻由"柯岩造像""云骨""蚕花洞""柯岩""文光射斗""南无阿弥陀佛""紫府洞天""放生处""小南海""幽胜留名""古七星岩""奇关"等摩崖石刻组成，于2013年3月公布为第七批全国重点文物保护单位。天工大佛于五代、宋朝时期雕凿，送子观音像于明清时期雕凿。主要病害类型有结构失稳、渗漏及表层劣化，病害分布如图3-1、图3-2。

1.2　结构失稳病害

本体裂隙失稳病害　天工大佛顶部及右侧各有一条机械裂隙，顶部长约4305毫米、最宽处约142毫米，右侧长约3905毫米、宽约79毫米；造像下方还存在一条风化裂隙，长约1597毫米，最宽处约17毫米；七星岩送子观音像顶部右侧存在一条机械裂隙，长约4170毫米，宽约26毫米（如图3-1、图3-2）。三条机械裂隙目前均已修补，暂无结构失稳风险。

1.3 渗漏病害

面流水　　主要位于天工大佛底部及四周岩壁、七星岩送子观音像窟顶，水害面积约占窟龛60%（如图3-1、图3-2）。

1.4 表层劣化病害

主要为剥落、结壳及低等植物与微生物损害三类病害。

1.4.1 剥落　　两尊造像附近岩壁都出现不同程度的片状剥落；七星岩中间送子观音像表面粉末状风化，左侧小南海题刻表面粉末状风化，病害面积约占10%（如图3-3）。

1.4.2 结壳　　天工大佛造像和送子观音像四周岩壁上均存在结壳病害，岩石表面色泽灰暗（如图3-1、图3-2）。

1.4.3 低等植物与微生物损害　　七星岩观音像顶部植被茂盛（如图3-2）。

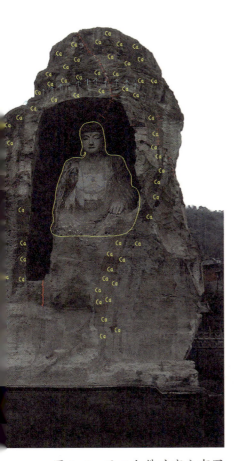

图3-1　天工大佛病害分布图

图3-2　送子观音像病害分布图

图3-3　剥落

2. 新昌大佛寺石弥勒像

2.1 概况

新昌大佛寺石弥勒像位于新昌县大佛寺景区内。地理坐标：北纬 29°29′48″，东经 120°53′44″，海拔 103 米。调查点位于石棋盘山西南，属丘陵地貌，造像所在山林自然地形坡度一般 15～25°，局部为基岩陡崖。调查区岩性为白垩系下统黄尖组流纹质角砾玻屑凝灰岩，夹砾岩，青灰色，部分为紫红色，块状结构，节理裂隙一般发育，以弱风化为主，表面易风化剥落，整体坚硬。其所处岩体岩性为凝灰岩。

新昌大佛寺石弥勒像位于大佛寺内部，共计一尊佛像，周围相关文物建筑面积约 363.7 平方米。石窟平面略作横椭圆形，露顶，敞前壁，龛前连接五层殿阁。石窟前沿为条石砌筑的拱券，俗称无量桥。2013 年 3 月 5 日，新昌大佛寺石弥勒像和千佛岩造像公布为第七批全国重点文物保护单位。建于南朝梁天监十二至十五年（513—516）。主要病害类型有渗漏及表层劣化，病害分布如图 3-4。

图 3-4　病害分布图

2.2 渗漏病害

凝结水　　石窟内空气湿度大，常年空气相对湿度超过 90%，佛像表面及四周岩壁存在凝结水病害，其中佛像表面凝结水汇聚至两膝跌坐处（如图 3-5）。

2.3 表层劣化病害

剥落　　佛像周边岩壁局部片状剥落，部分碑刻表面粉末状剥落，其上文字已无法辨识（如图 3-6、图 3-7）。

图 3-5　凝结水

图 3-6　片状剥落

图 3-7　粉末状剥落

2.4 其他病害

2.4.1 彩绘石质表面颜料酥粉、脱落　　在西侧佛窟底部内侧、东侧中下部佛窟内侧、大佛脖子处和头顶等部位彩绘剥落明显，局部表面酥松，病害面积约占35%（如图3-8）。

2.4.2 表面镀金金身开裂　　在大佛肩膀处有一条裂隙，左右贯通，长约7153毫米，最宽处达15毫米，深度达到150毫米（如图3-9）。

2.4.3 银黑色污染　　佛像表面镀金，部分金层脱落，脱落部位呈现银黑色污染（如图3-10）。

图3-8　表面颜料酥粉、脱落

图3-9　表面镀金金身开裂

图3-10　银黑色污染

3. 新昌千佛岩石窟造像

3.1 概况

新昌千佛岩石窟造像位于新昌县大佛寺景区内，现称千佛禅院。地理坐标：北纬29°29′42.8″，东经120°53′31.1″，海拔71米。调查点位于石棋盘山西南，属丘陵地貌，造像所在山林自然地形坡度一般为15～25°，局部为基岩陡崖。调查区岩性为白垩系下统黄尖组流纹质角砾玻屑凝灰岩，夹砾岩，青灰色，部分为紫红色，块状结构，节理裂隙一般发育，以弱风化为主，表面易风化剥落，整体坚硬。其所处岩体岩性为凝灰岩。

大窟后壁约25平方米面积石壁上，正中凿释迦坐像，该像右侧列千佛六区，左侧列千佛四区，每区纵排十小龛，横列十一小龛。每区正中约占九小龛的位置雕一大龛，大龛坐佛两侧，各雕一胁侍。十区共一千零二十龛计一千零四十尊。十区外侧各有一菩萨像，立于覆莲圆座之上，宝缯垂肩，帔帛于胸腹之际。小窟三十五尊。周围相关文物建筑面积约212.7平方米。2013年3月5日，新昌大佛寺石弥勒像和千佛岩造像被公布为第七批全国重点文物保护单位。千佛岩造像建于南朝齐永明三年（485）。主要病害类型为表层劣化，病害分布如图3-11、图3-12。

图 3-11　千佛岩大窟病害分布图

图 3-12　千佛岩小窟病害分布图

3.2 表层劣化病害

主要为剥落、空鼓以及斑迹三类病害。

3.2.1 剥落　　佛像基本上全部表面粉末状剥落、层片状剥落，面部轮廓模糊不清，部分佛像头部已损坏，病害面积约占 90%（如图 3-13）。

图 3-13　剥落

3.2.2 **空鼓**　　佛像及四周岩壁多处存在空鼓病害（如图3-14）。

3.2.3 **斑迹**　　窟顶和局部佛像表面有烟熏污染痕迹（如图3-15）。

3.3 其他病害

彩绘石质表面颜料酥粉、脱落　　造像表面彩绘剥落明显，局部表面酥松，病害面积约占85%（如图3-16）。

图 3-14　空鼓

图 3-15　斑迹

图 3-16　表面颜料酥粉、脱落

4. 羊山造像及摩崖石刻

4.1 概况

羊山造像及摩崖石刻位于绍兴市柯桥区齐贤街道羊山石佛风景区内，为弥勒佛造像。地理坐标：北纬 30°6′52″，东经 120°32′31″，海拔 10 米。调查点地貌为孤丘及海积平原，造像本体所处岩体呈陡崖分布，周边为人工湖泊，场地为原采石场，周边地形整体平缓，高程 5～20 米左右。调查区广泛分布中生代火山岩，岩性为白垩系下统朝川组，以灰色砂砾岩为主，局部为凝灰质砂岩，属火山碎屑沉积相，角砾含量约 25%～40%，粒径 0.5～1 厘米不等。岩体以弱风化为主，岩质坚硬，局部表面角砾脱落，工程地质条件良好，节理裂隙弱发育。其所处岩体岩性为凝灰岩。

石窟高 8 米，宽 6 米，佛身高 5 米，佛身围 25.4 米，端坐在高 1.5 米、宽 3.4 米之莲座上。穹隆状窟顶中隐刻有七尊姿态各异、大小不一之佛像。羊山造像及摩崖题刻于 2017 年 1 月被公布为第七批省级文物保护单位。初定为唐代雕凿。主要病害类型有渗漏及表层劣化，病害分布如图 3-17。

4.2 渗漏病害

裂隙渗水 大佛背后左右两侧各有一处裂隙渗水现象（如图 3-18）。

4.3 表层劣化病害

主要为剥落、表面溶蚀、结壳以及斑迹四类病害。

4.3.1 剥落 洞窟穹顶佛像处、石佛胸前、袖口、底部莲花座表面均有不同程度的粉末状剥落、颗粒状剥落，病害面积约占 55%（如图 3-19）。造像常年经受温差循环、干湿循环，表面胶结物流失或矿物分解，颗粒失去胶结联结作

图 3-17 病害分布图

用，出现粉末颗粒状剥落。

4.3.2 表面溶蚀　　造像莲台部位局部存在坑窝状孔洞（如图3-19）。窟内存在渗漏病害，水分渗流到莲台部位，岩石表面矿物质遇水后发生水解作用，侵蚀岩体，使岩石材质变得更加疏松多孔。

4.3.3 结壳　　佛像右侧裂隙渗水周边岩壁表面存在水锈结壳病害（如图3-18）。裂隙渗出的水积留在岩石表面，与岩石表层矿物质发生化学反应，生成黑色的钙质结壳；结壳不仅形成表面污染，还会成为基体，不断向其下的多孔岩石提供更多的石膏，石膏便不断向岩石深部侵入，给造像的长期保存带来极大威胁。

4.3.4 斑迹　　莲台底部岩石表面存在明显的烟熏痕迹，呈灰黑色（如图3-20）。香烛在佛龛、洞壁表面留下大大小小浓淡不均的黑色烟熏垢层，影响造像外观。

4.4 其他病害

火灾隐患　　造像左侧后方岩壁有火烧痕迹（如图3-21）。2003年石佛寺第三进后殿火灾，由于造像与后殿建筑连在一起，佛像南侧表面轻度受到火灾影响，艺术价值遭到破坏。窟内后期安装监控。

图 3-18　裂隙渗水

图 3-19　剥落（莲台部位）

图 3-20　斑迹

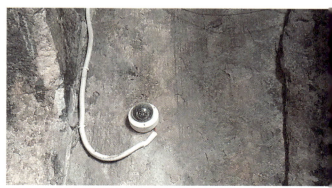

图 3-21　其他病害

5. 石屋禅院造像

5.1 概况

石屋禅院造像位于绍兴市越城区城南街道九里村会稽山西麓山道边，西面的 212 省道是旧时绍兴古城连接嵊州（嵊县）的主要通道，交通便利，地理条件优越。地理坐标：北纬 29°57′3.8″，东经 120°35′23.3″，海拔 63 米。调查区地貌单元为侵蚀剥蚀丘陵地貌，自然山体坡度下陡上缓，高程 90 米以下坡度相对较陡，总体坡度约 30～40°；高程 90 米以上坡度相对较缓，总体坡度约 15～25°。自然山体植被较发育，主要以灌木为主，山体斜坡表部覆盖层厚度较薄。根据现场地质调查及区域地质资料，调查区出露地层由老至新有早白垩系朝川组（K1c）、第四系残坡积层（el-dlQ）、第四系坡洪积层（dl-plQ3），岩性主要为凝灰质砂砾岩。

佛像位于山体岩壁上，1 号龛（西一龛）、2 号龛（西二龛）、3 号龛（西三龛）处岩壁高约 3.5～5 米，佛像位置高程约在 63 米左右；4 号龛（东首佛龛）处岩壁高约 2～2.5 米，佛像位置高程约 77 米。佛像处自然山体均属较陡段，整体坡度约 30～40°。石屋禅院造像于 2017 年 1 月 13 日被公布为第七批省级文物保护单位，雕凿年代为明代。主要病害类型有结构失稳及表层劣化，病害分布如图 3-22 至图 3-25。

5.2 结构失稳病害

本体裂隙失稳病害　　西一龛造像下方存在一条原生裂隙，长约 3281 毫米，宽约 20 毫米；横直走向，中间造像表面存在一条风化裂隙，长约 650 毫米，宽约 18 毫米。西二龛造像下方存

图 3-22　西一龛病害分布图

图 3-23　西二龛病害分布图

在一条机械裂隙，长约 2370 毫米，宽约 19 毫米，斜直走向。东一龛造像右侧存在一条机械裂隙，长约 3038 毫米，宽约 11 毫米（如图 3-22 至图 3-25）。目前裂隙均已修补，暂无结构失稳风险。

5.3 表层劣化病害

主要为缺损、剥落以及结壳三类病害。

5.3.1 缺损　西三龛弥勒佛像手部破损缺失（如图 3-24）。

5.3.2 剥落　西一龛释迦牟尼佛、无量寿佛表面粉末状风化（如图 3-22），西二龛菩萨像下方岩体表面局部片状剥落（如图 3-23），西三龛弥勒佛像手部、面部表面粉末状风化（如图 3-24），东一龛地藏菩萨像面部表面粉末状风化（如图 3-25）。

5.3.3 结壳　四龛佛像顶部岩壁均存在结壳病害（图 3-22 至图 3-25）。

图 3-24　西三龛病害分布图

图 3-25　东一龛病害分布图

6. 峰山道场遗址造像

6.1 概况

峰山道场遗址造像位于绍兴市上虞区曹娥街道梁巷居委会峰山东麓，背靠峰山，东50米是塘路，北300米是人民西路。地理坐标：北纬30°0′56″，东经120°49′34″，海拔15米。上虞区处于浙西山地丘陵、浙东丘陵山地和浙北平原三大地貌单元的交接地带，地势南高北低，南部低山丘陵与北部水网平原面积参半，俗称"五山一水四分田"。由于历史上经历了大量的地质活动，留下了丰富而比较齐全的地质结构。自中元古界至新生界第四系地层发育较齐全，有大量沉积层出现。根据现场勘察，推测其岩体岩性为凝灰岩。

峰山道场遗址造像为一尊佛头造像，于峰顶面北崖面凿浅窟，离窟后部约1米于窟底悬雕头肩部佛像，肩部与岩体相连，于1997年公布为上虞市市级文物保护单位。初定为唐代雕凿。主要病害有结构失稳、渗漏以及表层劣化等，病害分布如图3-26。

图3-26　病害分布图

6.2 结构失稳病害

本体裂隙失稳病害　　由于人工开凿以及在 20 世纪 60 年代曾遭炸毁等外在因素，佛像背后岩体表面有一条机械裂隙，长约 5515 毫米，最宽处约 100 毫米（如图 3-27）。若不加以修缮，会演变成危岩体，影响石窟佛像本体安全。

图 3-27　机械裂隙

6.3 表层劣化病害

主要为剥落、空鼓以及结壳三类病害。

6.3.1 剥落　　佛像脑后表面粉末状风化，病害面积约占佛像本体的 40%（如图 3-28）。

6.3.2 空鼓　　左侧墙体表面存在空鼓，病害面积约占佛像本体的 30%（如图 3-29）。

6.3.3 结壳　　佛像后方墙体上存在不同程度的水锈结壳病害（如图 3-29）。

6.4 其他病害

不当修复　　造像表面后期人为修补过，刷了一层白水泥（如图 3-28）。

图 3-28　剥落

图 3-29　空鼓

7. 湖安村驼峰山弥勒造像

7.1 概况

湖安村驼峰山弥勒造像位于绍兴市柯桥区马鞍镇湖安村驼峰山北侧山腰间，东与越城区斗门镇荷湖村相距 3 公里，西与青狮庵相距 1.5 公里。地理坐标：北纬 30°7′53″，东经 120°35′3″，海拔 157 米。调查区广泛分布中生代火山岩，岩性为白垩系下统朝川组，以灰色砂砾岩为主，局部为凝灰质砂岩，属火山碎屑沉积相，角砾含量约 25% ~ 40%，砾径 0.5 ~ 1 厘米不等，岩体以弱风化为主，岩质坚硬，局部表面角砾脱落，工程地质条件良好，节理裂隙弱发育，推测其岩体岩性为凝灰岩。

湖安村驼峰山弥勒造像共一尊，于岩面凿窟，造像后部即为石窟寺山体，于窟底悬雕弥勒像，脚部与岩体相连。弥勒造像前方为三面环坡的石板平地，错缝砌筑。湖安村驼峰山弥勒佛造像于 2002 年 12 月被公布为绍兴县文物保护点，为明万历二十四年（1596）雕凿。主要病害类型有结构失稳、渗漏及表层劣化，病害分布如图 3-30。

图 3-30　病害分布图

图 3-31　机械裂隙　　　　　　　　　　图 3-32　面流水

7.2　结构失稳病害

本体裂隙失稳病害　　造像右侧与主窟相连的岩壁上存在一条机械裂隙，长约 213.5 毫米，宽约 8 毫米，横向延伸（如图 3-31）。目前暂无结构失稳风险，但经历长期风化作用，裂隙容易向两侧延伸，发展为更粗长的裂隙，若不加措施予以保护，后期易引发结构失稳。

7.3　渗漏病害

面流水　　造像左右两侧岩壁均存在面流水病害，水害面积约占窟龛面积的 70%，左侧岩壁更为严重（如图 3-32）。

7.4　表层劣化病害

主要为剥落、表面溶蚀、空鼓、结壳、斑迹以及低等植物与微生物损害六类病害。

7.4.1 剥落 造像右侧岩壁存在粉末状、颗粒状剥落病害（如图 3-33）。

7.4.2 表面溶蚀 造像右侧岩壁出现大量坑窝状孔洞（如图 3-33）。

7.4.3 空鼓 造像右侧岩体最上方出现空鼓起翘（如图 3-34）。

7.4.4 结壳 造像两侧岩壁存在大面积黑色钙质结壳（如图 3-30）。

7.4.5 斑迹 造像所处平台表面有明显的烟熏痕迹（如图 3-30）。

7.4.6 低等植物与微生物损害 造像两侧岩壁均存在大面积苔藓（如图 3-30），且左侧岩壁上方还存在少量杂草（如图 3-32）。

7.5 其他病害

重塑镀金 造像表面重塑金身，窟龛内壁表面颜料粉刷（如图 3-30）。

图 3-33 剥落　　　　　　　　　　　　　　图 3-34 空鼓

8. 苍岩牛头岩石刻佛像

8.1 概况

苍岩牛头岩石刻佛像位于嵊州市甘霖镇苍岩村北侧牛头岩葛仙翁庙下百米左右之崖壁上，石刻佛像东侧一带为连绵不绝的山脉，地势高峻，西侧山势渐次降低，不远处即为平地，靠近苍岩江。地理坐标：北纬 29°30′48″，东经 120°46′8″，海拔 80 米。调查点位于中部的嵊县—新昌一带，尤以回山地区出露厚度最大。岩性主体为玄武岩，另有一至多层砾岩、粉砂岩等沉积夹层，多处可见数个喷发韵律。

苍岩牛头岩石刻三尊佛像占据崖壁左首一角，线刻浮雕于垂直崖壁上，无外窟檐，三像基本等高等宽，左右排列，高 1.37 米，宽 2.8 米，占地面积大约 6.8 平方米。苍岩牛头岩石刻目前尚未核定为保护单位，为第三次全国文物普查不可移动文物登录点，初定为明清时期雕凿。主要病害类型有结构失稳、渗漏及表层劣化，病害分布如图 3-35。

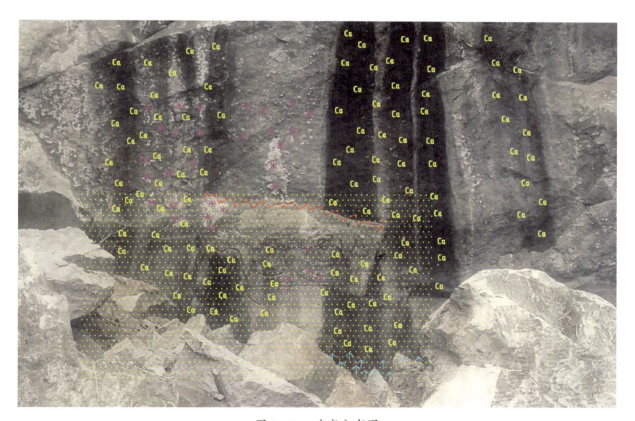

图 3-35 病害分布图

图 3-36　危岩体

8.2 结构失稳病害

8.2.1 本体裂隙失稳病害　造像上方存在一条断裂裂隙，长约 3139 毫米，最宽处约 26 毫米（如图 3-35）。目前暂无结构失稳风险，裂隙持续发展，将造成岩体结构失稳。

8.2.2 危岩体（崩塌）　佛像所处岩体正上方与背后存有一处危岩体，存在结构失稳的安全隐患（如图 3-36）。

8.3 渗漏病害

面流水　三尊造像主体均存在面流水病害，水害面积约占 80%，左侧造像最为明显，几乎全身呈现青黑色（如图 3-37）。

图 3-37　面流水

8.4 表层劣化病害

主要为剥落、结壳以及低等植物与微生物损害三类病害。

8.4.1 剥落 造像表面存在水泥砂浆修补痕迹，且外层水泥大部分已脱落，带动内部岩石表层一同从母体呈片状剥落下来（如图 3-38）。

8.4.2 结壳 造像两侧下方岩体存在结壳病害，色泽发黑（如图 3-37）。

8.4.3 低等植物与微生物损害 岩石底部杂草丛生（如图 3-39）。

8.5 其他病害

不当修补 造像本体及周围有后期人为修补痕迹，上方裂缝有水泥砂浆填补，主体水泥层修复部分大多已开裂脱落（如图 3-38）。

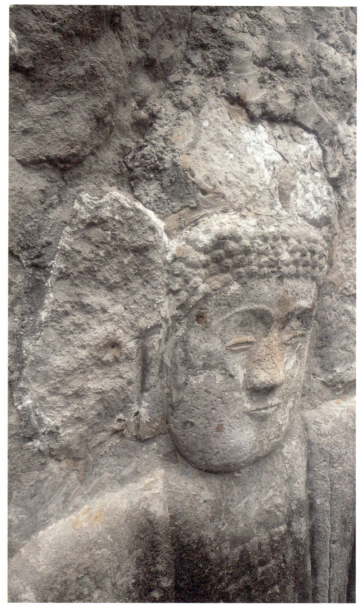

图 3-38 剥落

图 3-39 低等植物与微生物损害

9. 赵婆岙村铁佛寺

9.1 概况

赵婆岙村铁佛寺（石窟寺）坐落在新昌县七星街道赵婆岙村兵舰山半山腰。地理坐标：北纬29°30′12″，东经120°49′59″，海拔132米。调查点位于新嵊白垩纪盆地中偏东部，西邻南岩寺，背依风景秀丽的群山，砂质土壤，植被丰富，环境优美。据县志载："世传大禹治水，东注积沙成岩下海门也。"当前依稀可辨有蟹壳贝之类镶嵌其间。这种特定的山岩地壳，因经千百年的雨蚀风化自然而成，所以人称"海迹山神"。根据铁佛寺现场勘察，推测其岩体岩性为砂砾岩。

铁佛寺前身为化云洞，又叫现云洞，建于清同治九年（1870）。现存建筑为近年所建，原有面貌不详；寺内供有近几年重塑释迦牟尼佛像一尊、卧佛一尊以及十八罗汉等佛像多尊。铁佛寺造像目前尚未核定为保护单位，为第三次全国文物普查不可移动文物登录点，初定为现代雕凿。主要病害类型为重塑镀金，病害分布如图3-40。

9.2 其他病害

重塑镀金 卧佛表面塑金（如图3-40）。

图3-40 病害分布图

小结　病害调查分析与结论

1. 结构失稳病害统计显示存在机械裂隙 3 处，风化裂隙、危岩体和断裂各 1 处，病害严重或存在结构失稳隐患的有 2 处。绍兴地区 9 处石窟寺（摩崖造像）中有 5 处为省级及以上文保单位，近年来均已投入资金进行修缮，基本消除了安全隐患。

2. 渗漏病害统计显示共存在面流水 3 处，其中苍岩牛头岩石刻 1 处较为严重，新昌大佛寺石弥勒像存在凝结水 1 处。绍兴地区夏季多雨，苍岩牛头岩石刻造像露天存放，顶部无任何挡雨设施，雨水直接冲刷造像表面，水流的冲刷及裹挟作用将表面酥松的岩石颗粒、色泽矿物冲蚀掉，对岩石表层直接造成冲蚀破坏。新昌大佛寺石弥勒像的长期凝结水，浸泡软化石窟岩体，加剧了岩体的风化破坏作用。建议对这两处病害进行工程保护。

3. 表层劣化病害统计显示存在剥落、空鼓、结壳等类型，比较严重的主要有新昌大佛寺石弥勒像、新昌千佛岩石窟造像、峰山道场遗址造像这 3 处。该 3 处文保单位岩性均为凝灰岩，岩体强度、成分及稳定性差异较大，当岩石表面力学状态发生损伤，尤其是抗拉强度降低，产生了平行于临空面的张拉性破坏形式或表层岩石胶结物流失或易风化矿物分解、蚀变，颗粒失去胶结联结作用，出现了片状剥落、粉末状剥落、空鼓等现象，这些病害将使文物失去其原有的艺术价值，难以复原。建议对这 3 处病害进行工程保护。

4. 其他病害统计显示普遍存在不当修补、重塑镀金的现象。由于保护理念及当地风俗上的差异，绍兴地区级别较低的造像多有重塑镀金现象。同时，由于施工工艺落后，常常对造像采取简单的水泥修补，不仅存在色差影响美观，且最终会分解成对石质文物有害的盐分。

第二节　宁波地区石窟造像

1. 达蓬山摩崖石刻

1.1　概况

达蓬山摩崖石刻位于慈溪市龙山镇徐福村达蓬山佛迹洞东南侧百米远的崖壁上，东与黄狼山相望，南临九龙湖。地理坐标：北纬 30°3′44.8″，东经 121°30′51″，海拔 304 米。调查区广泛分布中生代火山岩为主，上侏罗统 a 段（J3a），岩性以浅绿色凝灰质含砂砾岩为主，角砾含量约 20%～40%，砾径 2～5 厘米为主，次棱角次圆状，岩体弱风化为主，表层局部强风化，岩质坚硬岩体较整体完整，节理裂隙较发育，推测其岩体岩性为凝灰岩。

达蓬山摩崖石刻线刻浮雕于面东崖壁上，纵高 1.2 米，横宽 3.5 米，由方形神龛及左右文字、石刻画像组成。21 世纪初于现有石刻右侧 5 米处同一岩壁新复刻秦渡庵石刻图案供人观赏。秦渡庵石刻于 2011 年 1 月 7 日公布为第六批省级文物保护单位，公布名称为"达蓬山摩崖石刻"，清康熙五十九年（1720）雕凿。主要病害类型有结构失稳、渗漏及表层劣化，病害分布如图 3-41、图 3-42。

1.2　结构失稳病害

本体裂隙失稳病害　　石刻本体上方存在一条原生裂隙，长约 5885 毫米，宽约 96 毫米，斜直走向；本体左侧存在一条断裂裂隙，长约 1147 毫米，最宽处约 87 毫米，呈弧形，竖向延伸（如图 3-41 描红部位所示）。两条裂隙目前暂无结构失稳风险，但应及时监测，若持续开裂，严重时将致使石刻失去原有力学平衡状态，引发位移甚至坍塌。

1.3　渗漏病害

面流水　　石刻本体面流水病害严重，岩石表面材质疏松，孔隙率大，水害面积约占本体石

图 3-41　本体病害分布图

图 3-42　复刻病害分布图

刻面积的 80%（如图 3-43）。

1.4 表层劣化病害

主要为剥落、结壳、锈变、晶析以及低等植物与微生物损害五类病害。

1.4.1 剥落　　石刻本体表面粉末状、颗粒状剥落严重，造像神情、五官均难以看清，只剩大体轮廓依稀可见（如图 3-44）。

1.4.2 结壳　　本体左侧及下方岩壁色泽暗沉，存在大量水锈结壳（如图 3-43）。

1.4.3 锈变 复刻造像为近现代工艺，内有钢筋，由于制作水平较低，已有多处钢筋外露现象，失去保护层的钢筋加速氧化生锈，并且锈斑向四周蔓延（如图3-45）。

1.4.4 晶析 造像本体存在大面积灰白色结晶物质，分布较为集中（如图3-43）。

1.4.5 低等植物与微生物损害 石刻本体及其两侧上方岩石表面长有大量苔藓，呈青绿色（如图3-43、图3-44）。

图 3-43 面流水

图 3-44 剥落

图 3-45 锈变

2. 胡公岩摩崖石刻

2.1 概况

胡公岩摩崖石刻位于余姚市阳明街道胜归山东南坡，距市中心 1.5 公里，主峰海拔 147 米。胜山社区地处余姚城区西北片，由原舜北新村、体育场路两个居委会合并而成，东临中江，南至候青门江，西靠舜水北路，北至胡公岩公园。地理坐标：北纬 30°4′5.6″，东经 121°8′50″，海拔 82 米。调查区广泛分布中生代火山岩为主，岩性为白垩纪茶湾组，以浅灰色流纹质晶屑玻屑熔结凝灰岩为主，整体块状构造，弱风化，岩质坚硬，属火山碎屑沉积相，岩体较完整，节理裂隙较发育，整体工程性质良好。

造像十四尊，壁龛式，题刻二十四处，占地面积约 9000 平方米。明嘉靖四十年（1561）始凿

图 3-46　观音像病害分布图

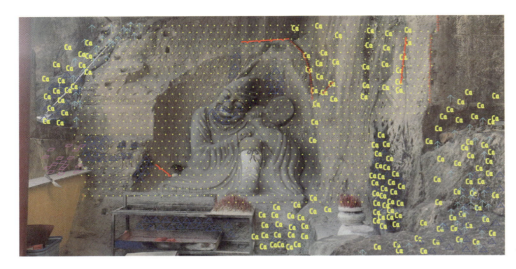

图 3-47 济公活
佛像病害分布图

图 3-48 释迦牟
尼佛、碑刻、伏
虎罗汉像病害分
布图

胡宗宪官服像，之后直至民国时期又在胡公像周围陆续开凿一系列佛像及题刻，从而形成了一处规模宏大的摩崖石刻造像群。2005 年 3 月 16 日由浙江省人民政府公布为第五批省级文物保护单位。主要病害类型有结构失稳、渗漏及表层劣化，病害分布如图 3-46 至图 3-54。

2.2 结构失稳病害

2.2.1 本体裂隙失稳病害 济公像本体现存三条风化裂隙，最长的长达 871 毫米，宽达 33 毫米；还存在四条机械裂隙，最长的长达 1210 毫米，最宽的宽达 38 毫米（如图 3-47）。

观音大像左侧存在一条风化裂隙及两条机械裂隙，最长的长达 404 毫米，宽达 9 毫米，都呈直线形走向，两条机械裂隙皆呈竖直走向，间距 88 毫米（如图 3-48）。

图 3-49 胡公像、菩萨像、供养人像病害分布图

图 3-50 睡罗汉像、长眉罗汉像病害分布图

睡罗汉像右上角存在一条风化裂隙，长 350 毫米，宽约 8 毫米；造像下方存在一条机械裂隙，长 556 毫米，宽约 21 毫米，呈折线形走向（如图 3-50）。

弥勒佛造像主体存在三条斜直走向的机械裂隙，其中最长的一条达 2018 毫米，宽约 9 毫米；另有一条长 1365 毫米、宽约 4 毫米的风化裂隙（如图 3-51）。

供养人像存在一条机械裂隙，长 751 毫米，宽约 64 毫米，位于造像左下角，斜直走向；造像右侧及上部还存在三条风化裂隙，最长的约 71 毫米，最宽的约 2 毫米，都是斜直走向（如图 3-54）。暂无结构失稳隐患。

2.2.2 危岩体（崩塌）　第一区释迦牟尼像上方岩体、第四区弥勒佛像所处岩体和第五区观音像上方岩体由于岩体内结构面切割导致形成三处危岩体（如图 3-46、图 3-48、图 3-51）。

2.3 渗漏病害

面流水　第一区释迦牟尼像左侧岩体、第二区和第三区三尊罗汉像、胡公像本体及左侧岩壁、第四区弥勒佛像左上方及右侧题刻、济公活佛像上方、第五区观音像上方有面流水病害，水害面积约占 60%（如图 3-55、图 3-56）。

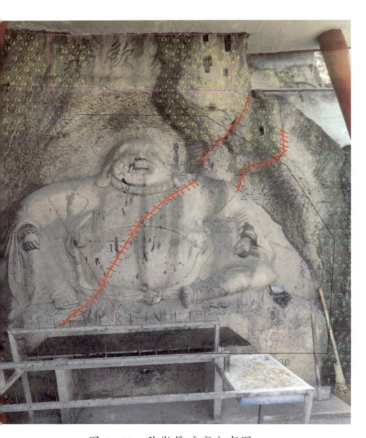

图 3-51　弥勒佛病害分布图

图 3-52　善财像病害分布图

图 3-53　龙女像病害分布图

2.4 表层劣化病害

主要为剥落、表面溶蚀、结壳、斑迹、低等植物与微生物损害等五类病害。

2.4.1 剥落　　长眉罗汉左侧造像面部剥落严重，约占面部面积的30%，造像上方及右侧也出现部分区域性剥落（如图3-57）。

2.4.2 表面溶蚀　　供养人像表面溶蚀严重，造像只剩大体轮廓可见（如图3-58）。

图 3-54　供养人像病害分布图

图 3-55　面流水

图 3-56　面流水

图 3-57　剥落

图 3-58　表面溶蚀

2.4.3　结壳　　结壳病害严重，几乎每一尊造像四周岩体都存在水锈结壳病害（释迦牟尼像左侧及伏虎罗汉像上方，如图 3-59）。

2.4.4　斑迹　　各处造像均存在不同面积的烟熏痕迹，尤其是底部靠近香炉部位，石材色泽发黑，形成烟熏垢层（如图 3-60）。

2.4.5　低等植物与微生物损害　　第二区罗汉中间部位、第三区胡公像左侧岩体等表面藤蔓、苔藓生长，病害面积约占 35%（如图 3-61、图 3-62）。微生物易生长，若不及时清理，容易大面积出现，且难以根除，需要定时检查清理。

2.5　其他病害

　　重塑镀金　　第一区伏虎罗汉像、第四区弥勒佛像、济公活佛像和第五区观音像、善财龙女像表面后期颜料病害（如图 3-63、图 3-64）。

图 3-59　结壳

图 3-60　烟熏

图 3-61　低等植物与微生物损害

图 3-62　低等植物与微生物损害

图 3-63　表面颜料病害

图 3-64　表面颜料病害

3. 补陀洞天造像

3.1 概况

补陀洞天造像位于宁波市鄞州区东钱湖镇霞屿山下现小普陀景区霞屿寺内补陀洞中部。地理坐标：北纬29°46′00″，东经121°39′50″，海拔2米。调查区广泛分布中生代火山岩为主，岩性为白垩统茶湾组，以浅灰色流纹质晶屑玻屑熔结凝灰岩为主，整体块状构造，弱风化，岩质坚硬，属火山碎屑沉积相，岩体较完整，节理裂隙较发育，整体工程性质良好。根据补陀洞天造像现场勘察推测，造像所处岩体岩性为凝灰岩。

造像位于霞屿山西侧石壁，凿有洞窟，窟内较完整地保存南宋时期的观音像、韦驮佛像各一尊，另五爪游龙一条及卷云三朵，占地面积约5平方米。1986年5月28日被公布为鄞县县级文物保护单位。主要病害类型有结构失稳、渗漏及表层劣化，病害分布如图3-65所示。

3.2 结构失稳病害

本体结构失稳病害　佛像后岩壁上存在一条由于外力导致整体贯穿性且有明显位移的断裂裂隙，从左上方开裂至右下方，斜直走向，角度约为45°，长约1400毫米，宽约25毫米（如图3-65）。有结构失稳隐患。

3.3 渗漏病害

凝结水　石窟内四周岩壁有水珠附着，受水分侵蚀，岩石色泽暗沉（如图3-66），水害面积约占龛窟面积的50%。

图3-65　病害分布图

图3-66　凝结水

3.4 表层劣化病害

主要为附积、斑迹两类病害。

3.4.1 附积 香灰大量堆积在岩壁凹凸处（如图 3-67）。

3.4.2 斑迹 洞窟顶部因常年香烛熏染、通风不佳，岩壁右侧五爪游龙像上方石壁暗沉无光，呈黑褐色，与周围石壁色泽差异明显（如图 3-68）。

3.5 其他病害

重塑镀金 观音像、韦驮佛像及五爪游龙表面后期重塑镀金身（如图 3-69、图 3-70、图 3-71）。

图 3-67 附积

图 3-68 烟熏

图 3-69 重塑镀金

图 3-70 重塑镀金

图 3-71 重塑镀金

4. 岭南菩萨摩崖造像

4.1 概况

岭南菩萨摩崖造像为一处摩崖石刻，位于宁波市鄞州区东钱湖镇韩岭村岭南山一岩壁上，坐西朝东。地理坐标：北纬 29°43′18.5″，东经 121°40′27.7″，海拔 205 米。调查区广泛分布中生代火山岩为主，岩性为白垩统茶湾组，以浅灰色流纹质晶屑玻屑熔结凝灰岩为主，整体块状构造，弱风化，岩质坚硬，属火山碎屑沉积相，岩体较完整，节理裂隙较发育，整体工程性质良好。造像所处岩体岩性为凝灰岩。

岭南菩萨摩崖造像为一处摩崖石刻，佛像刻于较平处，盘膝而坐；不规则处刻有一佛字，占地面积约 15 平方米。岭南菩萨摩崖造像目前尚未核定为保护单位，为第三次全国文物普查不可移动文物登录点，推断为明清年代雕凿。主要病害类型有结构失稳、渗漏及表层劣化，病害分布如图 3-72。

4.2 结构失稳病害

本体裂隙失稳病害　造像所处岩体存在四条机械裂隙，三条风化裂隙，最长的裂隙位于造

图 3-72　病害分布图

像正上方，横向贯穿，长约2285毫米，宽约15毫米。四条机械裂隙两两交汇，走向无明显规律。三条风化裂隙分布于岩石最左侧，离造像较远（如图3-72描红部位所示）。裂隙处暂无结构失稳隐患。

4.3 渗漏病害

面流水　　佛像左侧上方岩体受面流水影响，面积约占本体石刻造像的10%（如图3-73）。

4.4 表层劣化病害

主要为剥落、结壳以及低等植物与微生物损害三类病害。

4.4.1 剥落　　佛像及佛字周围岩体表面粉末状风化，病害面积约占35%，下方粉末状剥落部位岩石表面颜色明显比上方颜色淡（如图3-74）。

4.4.2 结壳　　岩石右上方和佛像左上方部位色泽深暗，存在水锈结壳病害（如图3-74）。

4.4.3 低等植物与微生物损害　　佛像正上方岩体表面有青苔滋生，约占本体石刻造像的10%（如图3-75）。

4.5 其他病害

重塑镀金　　菩萨像和佛字表面后期身（如图3-74）。

图 3-73　面流水

图 3-74　剥落

图 3-75　低等植物与微生物损害

小结　病害调查分析与结论

1. 结构失稳病害统计显示存在断裂、机械裂隙和风化裂隙各2处，危岩体和原生裂隙各1处，病害严重或存在结构失稳隐患的有1处。

2. 渗漏病害统计显示共存在面流水3处，其中胡公岩摩崖石刻较为严重。宁波地区全年多雨，胡公岩摩崖石刻处于露天环境，虽然搭建了遮雨棚，但与岩壁相交处仍存在大面积缝隙，雨天时，无法阻挡崖顶地表水直接冲刷造像表面，将岩石表面的可溶性胶结物带走，增加了岩石表面孔隙率和疏松度，对岩石表层直接造成冲蚀破坏。

3. 表层劣化病害统计显示主要存在剥落、结壳、斑迹、生物病害等类型。造像所处地区全年酸雨率较高，加之造像挡雨措施不完善，加速了由于水解反应或溶解而形成的坑窝或沟槽状的出现以及化学风化产生新的生成物；摩崖造像长年对外开放，当地居民在造像前摆有烛台、香炉以供祭祀之用，造像表面多烟熏斑迹以及烟灰积尘。

4. 其他病害统计显示普遍存在重塑镀金的现象。由于保护理念及当地风俗上的差异，当地信徒多为造像重塑镀金。

5. 目前，达蓬山摩崖石刻已经处于工程保护阶段，建议对胡公岩摩崖石刻、补陀洞天造像实施工程保护。

第三节 舟山地区石窟造像

1. 潮音洞摩崖石刻

1.1 概况

潮音洞摩崖石刻位于舟山市普陀区普陀山不肯去观音院景区内，毛跳山南之岬角，西连普陀，其余面海，洞口朝东，怪岩齿立，幽洞内涵。地理坐标：北纬 29°58′49.3″，东经 122°23′25.3″，海拔 8 米。普陀为海岛丘陵地貌，文物本体位于海岛山体坡脚，坡顶高程 10 米，场地坡度一般在 5～15°之间，题刻临海处则为高程 11 米陡崖。地质属古华夏褶皱带浙东沿海地带，形成于白垩纪，燕山运动晚期的侵入花岗岩构成岩石基础。根据现场勘察，推测其岩石岩性为花岗岩。

潮音洞摩崖石刻凿于五处海滨石滩壁上，石刻之间距离范围在 30 米内。洞顶正上方有一处佛龛，其内有一尊佛像；洞南崖壁近顶处有两处佛龛，其内各有一尊佛像；洞口北侧崖顶有两处佛龛，其内各有一尊佛像。潮音洞摩崖石刻在 2017 年被公布为第七批省级文物保护单位。初定为清代雕凿。主要病害类型有结构失稳、渗漏及表层劣化，病害分布如图 3-76 至图 3-80。

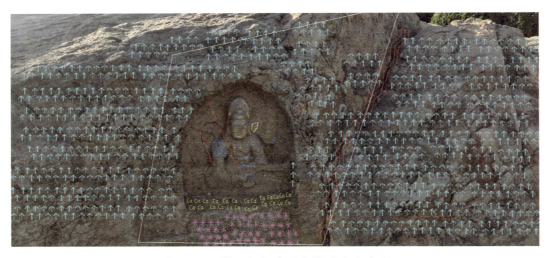

图 3-76 第一龛大慈观音像病害分布图

1.2　结构失稳病害

本体裂隙失稳病害　第一龛佛像右侧岩壁存在一条原生裂隙，长约794毫米，宽约7毫米，斜直走向；造像周围还存在三条风化裂隙，不均匀分布（如图3-76）。

第二龛存在两条原生裂隙，左边的长约849毫米、最宽处约19毫米，右边的长约1053毫米、最宽处约44毫米，两条裂隙大体上呈竖直走向，平行分布；左边原生裂隙上方还连有一条较短风化裂隙（如图3-77）。

第三龛存在一条原生裂隙、四条风化裂隙，其中最长的约140毫米，宽约2毫米；一条风化裂隙位于造像左侧，竖直走向，其余四条横向、平行分布（如图3-78）。

第四龛存在五条风化裂隙，最长的约201毫米，最宽处约5毫米，总体上呈竖直走向，平行分布（如图3-79）。

第五龛存在三条机械裂隙，最长的约449毫米，最宽处约4毫米，均分布在造像右侧，有相互交汇的趋势（如图3-80）。

目前暂无结构失稳风险，但裂隙持续开展容易形成危岩体，最终崩塌。

1.3　渗漏病害

面流水　各龛造像附近岩壁均存在面流水病害，水害面积约占10%（如图3-81）。

图3-77　第二龛圣观音像病害分布图

图3-78　第三龛水月观音像病害分布图

图 3-79　第四龛六时观音像病害分布图

1.4　表层劣化病害

主要为剥落、龟裂、结壳、斑迹以及低等植物与微生物损害五类病害。

1.4.1　剥落　　石刻表面粉末状风化，病害面积约占 45%（如图 3-81）。

1.4.2　龟裂　　第一龛佛像本体周边岩壁形成网状微裂隙组，将石材表面分割（如图 3-82）。

1.4.3　结壳　　第二龛造像左侧下方岩壁存在水锈结壳病害（如图 3-83）。

1.4.4　斑迹　　第二龛、第三龛、第四龛和第五龛佛像下方常年香烛熏染，表面有烟熏污染痕迹，病害面积约占岩体的 30%（如图 3-81）。

1.4.5　低等植物与微生物损害　　各龛表面均存在不同程度的微生物病害，第一龛佛像本体及周围最为严重，病害面积占第一龛岩体的 60%（如图 3-84）。

1.5　其他病害

重塑镀金　　第一龛佛像表面存在颜料病害（如图 3-82）。

图 3-80　第五龛青颈观音像病害分布图

图 3-81　面流水

图 3-82　龟裂

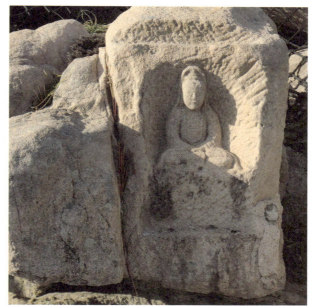

图 3-83　结壳

图 3-84　低等植物与微生物损害

2. 仙人井摩崖石刻

2.1 概况

仙人井摩崖石刻位于舟山市普陀区普陀山镇前山村珠宝岭北狮象岩南侧崖面。地理坐标：北纬 29°59′26.2″，东经 122°23′8.6″，海拔 42 米。调查点为海岛丘陵地貌，文物本体位于海岛山体坡脚，坡顶高程 10 米，场地坡度一般在 5～15°之间，题刻临海处则为高程 11 米陡崖。调查点地质属古华夏褶皱带浙东沿海地带，形成于白垩纪，燕山运动晚期的侵入花岗岩构成岩石基础。根据现场勘察，推测其岩石岩性为花岗岩。

仙人井摩崖石刻四个龛所在两处崖面走向呈外八字形近 135°，面东、南。仙人井摩崖石刻共有造像四尊、三款题刻，四尊造像中三尊为观音像，一尊为弥勒佛像。仙人井摩崖石刻目前尚未核定为保护单位，为第三次全国文物普查不可移动文物登录点，初定为清代雕凿。主要病害类型有结构失稳、渗漏及表层劣化，病害分布如图 3-85 至图 3-89。

2.2 结构失稳病害

2.2.1 本体裂隙失稳病害　　第一龛南面观音像佛和"天光云影"题刻上方存在两条断裂裂隙，左侧的长约 2812 毫米，最宽处约 140 毫米；右侧的长约 3292 毫米，最宽处约 128 毫米，两条裂隙均斜直走向，平行分布（如图 3-87）。

图 3-85　第一龛病害分布图

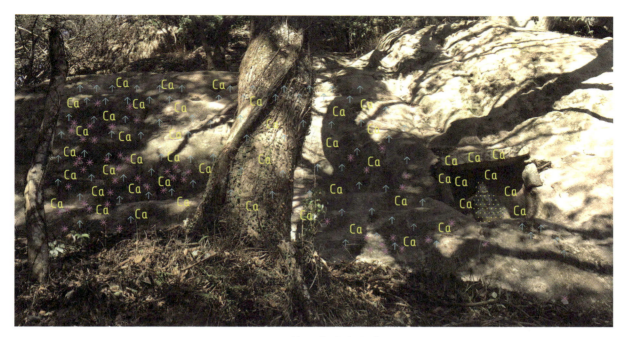

图 3-86　第二龛病害分布图

图 3-87　石刻病害分布图

图 3-88　第三龛病害分布图

第二龛造像上方存在两条原生裂隙，左侧裂隙长约 2750 毫米，宽约 24 毫米，斜直走向；右侧裂隙长约 2542 毫米，最宽处约 50 毫米，竖直走向（如图 3-87）。

2.2.2 危岩体（崩塌）　第一龛上方的断裂裂隙已造成岩体内结构面切割而形成危岩体，存在崩塌损毁隐患。

2.3 渗漏病害

面流水　病害主要位于第一号龛弥勒佛像表面及四周、第二号龛观音像正上方、第三号龛观音像右侧岩体和"金绳觉路"题刻表面，面积大约占佛像和题刻的 60%（如图 3-90）。

2.4 表层劣化病害

主要为剥落、结壳、附积、斑迹以及低等植物与微生物损害五类病害。

图 3-89　第四龛病害分布图

2.4.1 **剥落**　　四尊造像表面全部粉末状风化，其中第三号龛和第四号龛造像风化严重，面貌模糊不清（如图3-91）。

2.4.2 **结壳**　　四尊造像周边岩壁均存在不同程度的水锈结壳迹象（如图3-92）。

2.4.3 **附积**　　四尊造像前均堆积了枯枝烂叶，且第一龛观音像前摆有贡品（如图3-93）。

2.4.4 **斑迹**　　造像和题刻表面存在后期人为涂鸦等颜料病害（如图3-92、图3-93）。

2.4.5 **低等植物与微生物损害**　　佛像及四周岩体表面青苔生长、微生物病害，病害面积约占90%；另弥勒佛像与"普渡慈航"题刻之间表面有一处藤蔓生长（如图3-90、图3-91）。

图3-90　面流水

图3-91　剥落

图3-92　结壳

图3-93　附积

3. 珠宝岭北摩崖石刻

3.1 概况

　　珠宝岭北摩崖石刻位于舟山市普陀区普陀山珠宝岭北坡西侧一巨岩东、北立面。地理坐标：北纬29°59′28.6″，东经122°23′10.4″，海拔41米。调查点为海岛丘陵地貌，文物本体位于海岛山体坡脚，坡顶高程10米，场地坡度一般在5～15°之间，题刻临海处则为高程11米陡崖。调查点地质属古华夏褶皱带浙东沿海地带，形成于白垩纪，燕山运动晚期的侵入花岗岩构成岩石基础。根据现场勘察，推测其岩石岩性为花岗岩。

　　珠宝岭北摩崖石刻共有三龛五造像，石刻五款。东侧崖面贴地凿两龛佛像，第一龛为一坐佛两立侍，第二龛为一立侍。北侧崖面为第三龛，一龛立佛，凿于离地1.8米石壁上。珠宝岭北摩崖石刻目前尚未核定为文物保护单位，为第三次全国文物普查不可移动文物登录点，初定为明清时期雕凿。主要病害类型有结构失稳、渗漏及表层劣化，病害分布如图3-94至图3-96。

图3-94　第一、第二龛病害分布图

图 3-95　第一龛上方题刻病害分布图

图 3-96　第三龛病害分布图

图 3-97　面流水

3.2 结构失稳病害

3.2.1 本体裂隙失稳病害　　题刻上方有一条断裂裂隙，长约4423毫米，最宽处约111毫米，斜直走向；第三龛佛像右下方存在一条断裂裂隙，长约2340毫米，最宽处约291毫米，折线走向（如图3-95、图3-96）。由于拓此段小路时炸飞北侧崖岩，由此镌面开裂，导致题刻"四生九有，八难三途，阿弥陀佛"处开裂拉脱。

3.2.2 危岩体（崩塌）　　第一龛上方题刻所处岩体为危岩体（如图3-95、图3-96）。

3.3 渗漏病害

面流水　　在第一龛佛像题刻和第三龛佛像岩体表面，水害面积约占龛窟面积的80%（如图3-97）。

3.4 表层劣化病害

主要为缺损、剥落、划痕、结壳、附积、斑迹、高等植物损害以及低等植物与微生物损害八类病害。

3.4.1 缺损　　20世纪60年代由于人为原因，第一龛中间一佛像脸、手被毁，两旁侍从面部被毁；第二龛中间佛像及左侧侍从由于人为爆破拓路被毁，仅留下右侧侍从，面部被毁（如图3-98）。

图 3-98　缺损

3.4.2 剥落　　三龛五尊造像表面均存在严重的粉末状剥落病害（如图3-98、图3-99）。

3.4.3 划痕　　第三龛造像表面由于后期人为破坏凿刻，存在大量横向分布的、深度不一的划痕（如图3-99）。

3.4.4 结壳　　三龛佛像本体及周边岩壁均存在水锈结壳病害（如图3-97、图3-98）。

3.4.5 附积　　第一、第二龛佛像前堆有枯枝烂叶（如图3-98）。

3.4.6 斑迹　　题刻表面存在颜色不一的颜料涂鸦（如图3-95）。

3.4.7 高等植物损害　　第三龛佛像顶部树木生长，根系扎入岩石，导致摩崖造像机械性开裂破坏（如图3-97）。

3.4.8 低等植物与微生物损害　　第一、第二龛佛像本体及周边岩壁遍布青苔（如图3-98），第三龛佛像周边岩石表面长有大量藤蔓（如图3-97）。

图3-99　剥落

小结　病害调查分析与结论

1. 结构失稳病害统计显示存在原生裂隙、断裂和危岩体各 2 处，机械裂隙、风化裂隙各 1 处，病害严重或存在结构失稳隐患的有 2 处。

2. 渗漏病害统计显示共存在面流水 3 处，其中珠宝岭北摩崖石刻较为严重。3 处石造像均处于露天环境，雨天时，无法阻挡崖顶地表水直接冲刷造像表面，将岩石表面的可溶性胶结物带走，增加了岩石表面孔隙率和疏松度，对岩石表层直接造成冲蚀破坏。

3. 表层劣化病害统计显示主要存在剥落、结壳、斑迹、生物病害等。造像所处沿海地区，空气富含氯离子，加速了由于水解反应或溶解而形成的坑窝或沟槽状的出现以及化学风化产生新的生成物；摩崖造像长年对外开放，当地居民在造像前摆有烛台、香炉以供祭祀之用，造像表面多烟熏斑迹以及烟灰积尘。

4. 建议对舟山地区 3 处石窟造像进行工程保护。

第四章

金华、衢州、湖州地区
石窟造像病害调查

第一节　金华地区石窟造像

1. 石屏岩造像

1.1 概况

石屏岩造像位于东阳市湖溪镇前山何行政村前山何自然村石屏岩，佛像刻在长约 12 米、高 8 米、厚 8 米的巨石西端。地理坐标：北纬 29°12′34.6″，东经 120°23′31″。石屏岩造像所在区域山体主要由中生代火山熔岩和沉积岩构成，地层为白垩系，灰褐色流纹质晶屑玻屑熔结凝灰岩。褐黄、土黄色砂质黏土夹碎石，局部含粗晶灰岩，层状、巨厚层状结构，含多铁质渲染的方解石脉，局部溶蚀作用强烈，岩类为沉积岩。根据石屏岩造像现场勘察推测，造像所处岩体岩性为凝灰岩。

佛像共五尊，三尊在前，两尊童子位于中间佛像两侧，三尊佛像均身穿通肩大衣结跏趺坐于莲台之上。造像下方 1 米处有一烛台，前有殿宇一座，内设观音像一尊。石屏岩造像目前为东阳市市级文物保护单位，雕凿年代不详。主要病害类型有结构失稳、渗漏及表层劣化，病害分布如图 4-1。

1.2 结构失稳病害

本体裂隙结构失稳病害　　造像右下角存在一处原生裂隙，最窄处约 72 毫米，最宽处可达 195 毫米，总体长约 1029 毫米，斜向分布，呈弯曲型（如图 4-2）；造像左上角存在一处机械裂隙，宽约 22 毫米，长达 1222 毫米，斜向分布，呈弯曲型（如图 4-3）。两条裂缝总体上呈现平行走向（见图 4-1）。可能造成结构失稳，使得造像岩体毁坏。

1.3 渗漏病害

1.3.1 面流水　　造像表面存在大面积面流水，水害面积约占龛窟面积的 80%（如图 4-4、图 4-5）。

图 4-1　病害分布图

1.3.2 裂隙渗水　　　造像本体周边存在两条裂缝，地下水自裂缝不断渗出，会引起水岩作用破坏、可溶盐结晶作用破坏、冻融循环作用破坏等（如图 4-6、图 4-7）。

1.4 表层劣化病害

主要存在缺损、剥落、空鼓以及低等植物与微生物损害四类病害。

1.4.1 缺损　　　左起第一龛佛像右下角缺失近一半石体，第二龛中心部位有一近似圆形的凹槽（如图 4-8）。

1.4.2 剥落　　　左起第一龛、第二龛佛像面部石材出现大面积的粉末状剥落现象，面部轮廓已基本看不清原状（如图 4-9），风化病害约占窟龛总面积的 90%。

1.4.3 空鼓　　　左起第三龛造像保存相对完整，面部轮廓较为清晰，造像主体无明显缺失，但主体部位出现大范围空鼓起翘病害（如图 4-10），石材表层一定厚度的片板状体发生隆起变形，在片板状体后形成空腔。

1.4.4 低等植物与微生物损害　　　主要为微生物病害，生物病害约占窟龛总面积的 90%。造像整体表面覆盖大量青苔，呈现青绿色（如图 4-11、图 4-12），严重影响造像原有风貌。

图 4-2 原生裂隙

图 4-3 机械裂隙

图 4-4 面流水

图 4-5 面流水

图 4-6 裂隙水

图 4-7 裂隙水

图 4-8　缺损

图 4-9　剥落

图 4-10　空鼓

图 4-11　低等植物病害

图 4-12　低等植物病害

2. 躲轮山摩崖石刻造像

2.1 概况

躲轮山摩崖石刻造像位于金华市婺城区雅畈镇和安村东北面约 1.5 公里处的躲轮山上，南距石鸭山摩崖石刻约 800 米。躲轮山北侧的岩石坡度约 30°，该石刻造像位于该岩石中部偏下的位置。地理坐标：北纬 28° 58′ 56″，东经 119° 43′ 26.6″。婺城区所在区域山体主要分布中生代火山熔岩和碎屑岩，地层为白垩系，灰褐色流纹质晶屑玻屑熔结凝灰岩。根据躲轮山摩崖石刻造像现场勘察推测，造像所处岩体岩性为凝灰岩。

躲轮山摩崖石刻造像为人像，头戴尖顶单耳帽，怒目圆睁，高举右手，左手叉腰，神态威严。人像高达 3.1 米，宽 2.55 米。躲轮山摩崖石刻造像 2004 年公布为金华市文物保护点，推测为明清时期雕凿。主要病害类型有渗漏及表层劣化，病害分布如图 4-13。

图 4-13　病害分布图

2.2 渗漏病害

面流水　　造像表面存在大面积的面流水，约占龛窟面积的 100%，造成造像表面出现不同色泽、形态的污染（如图 4-14）。

2.3 表层劣化病害

造像主要存在缺损、剥落、空鼓、结壳以及低等植物与微生物损害五类病害。

2.3.1 缺损　　造像表面存在数个大小不一的凹陷圆孔，直径约为 28 毫米（如图 4-15）。

2.3.2 剥落　　造像表面约有 30% 存在片状剥落现象，不规则地分散在造像表面各处（如图 4-16）。

2.3.3 空鼓　　造像表面发生部分隆起变形，与岩石本体部位形成空腔（如图 4-17）。

2.3.4 结壳　　存在于造像表面，呈不均匀分布（如图 4-18）。

2.3.5 低等植物与微生物损害　　主要分布于造像左右两侧，上下两侧距离造像较远处也有少许分布（如图 4-19）。

图 4-14　面流水

图 4-15　缺损

图 4-16　层片状剥落

图 4-17 空鼓

图 4-18 结壳

图 4-19 低等植物损害

3. 殿里红岩石佛

3.1 概况

　　殿里红岩石佛位于兰溪市马涧镇钱塘垄水库东南侧红岩脚村的红岩山上。地理坐标：北纬
29°14′50.2″，东经119°39′58.4″，海拔589米。地处金衢盆地北缘，地质学上称为"绍兴－
江山深断裂带"，地层展布相当齐全。岩体以沉积岩为主，有少量侵入岩体和次火山岩体。

　　殿里红岩石佛有弥勒坐像两尊，分别为红岩东侧石佛像与红岩西侧石佛像，均刻于孤立的巨
石上。东侧石佛坐东朝西，所在岩石高约1.9米，底部最宽处3.3米，厚约2米，弥勒像高1.9
米，宽约1.4米。西侧石佛造像坐南朝北，所在岩石高约3.3米，底部最宽处约4.3米，厚2.2米，
造像宽约2.4米，上半身可见轮廓区域高约1.5米。殿里红岩石佛目前尚未核定为保护单位，为
第三次全国文物普查不可移动文物登录点，雕凿年代为明代。主要病害包括类型有结构失稳、渗
漏及表层劣化，病害分布如图4-20、图4-21。

图 4-20　东侧石佛像病害分布图

图 4-21　西侧石佛像病害分布图

3.2　结构失稳病害

本体裂隙失稳病害　　东侧石佛像主体部位存在一条长约 400 毫米、宽约 9 毫米的风化裂隙以及一条长约 845 毫米、宽约 3 毫米的机械裂隙，两条裂隙联结在一起，总体上呈折线形走向；造像面部存在两条风化裂隙，一条长约 566 毫米、宽约 4 毫米，另一条长约 195 毫米、宽约 3 毫米，两条裂隙皆呈斜直走向，相交于造像眼部位置（详见图 4-20）。目前暂无结构失稳隐患。

3.3　渗漏病害

面流水　　两尊造像表面均出现大面积面流水病害，色泽出现明显变化，岩石孔隙率变大，石材表面材质愈发疏松（如图 4-22、图 4-23）。

3.4　表层劣化病害

主要存在缺损、表面溶蚀、结壳、斑迹以及低等植物与微生物损害五类病害。

3.4.1　缺损　　东侧佛像右侧手部有缺损，西侧佛像本体中心部位存在一处凹陷缺损（如图 4-24、图 4-25）。

3.4.2 **表面溶蚀**　　造像表面出现大范围坑窝，不规则分布在造像本体上（如图 4-26）。

3.4.3 **结壳**　　两尊造像结壳病害都出现在佛像底部的石材表面，结壳面积约占总面积的 50%
（如图 4-27）。

图 4-22　面流水

图 4-23　面流水

图 4-24　缺损

图 4-25　缺损

图 4-26　表面溶蚀

图 4-27　结壳

图 4-28　斑迹

图 4-29　低等植物与微生物损害

图 4-30　低等植物与微生物损害

3.4.4　斑迹　　两尊造像前摆有香炉、烛台，故靠近烛台的造像底部有明显的烟熏痕迹（如图4-28）。

3.4.5　低等植物与微生物损害　　两尊造像表面遍布苔藓等微生物，微生物病害面积约占龛窟面积的80%（如图4-29、图4-30）。

3.5　其他病害

不当修复　　东侧石佛像左肩下至左腹有一条长机械裂隙，裂隙、造像鼻子及嘴部有水泥砂浆修补痕迹，属人为不当修复（如图4-31）。

图 4-31　不当修复

小结　病害调查分析与结论

1. 结构失稳病害统计显示存在机械裂隙 2 处、原生裂隙和风化裂隙各 1 处，病害严重或存在结构失稳隐患的有 1 处。

2. 渗漏病害统计显示共存在面流水 3 处，其中石屏岩造像和殿里红岩石佛 2 处较为严重，同时石屏岩造像存在裂隙水 1 处。

3. 表层劣化病害统计显示主要存在剥落、空鼓、结壳、生物病害等类型，比较严重的主要有石屏岩造像和殿里红岩石佛这 2 处。造像地处浙江金华，四季分明，冬夏温差大，夏季天气湿热，冬季寒冷干燥，易受温差循环、干湿循环作用。且常年经受风化作用，风化过程中次生盐类的结晶作用影响较大，表层岩石力学状态发生损伤破坏，尤其是抗拉强度降低，从而诱发层片状剥落。

4. 建议对石屏岩造像和殿里红岩石佛实施工程保护。

第二节　衢州地区石窟造像

1. 魏家村石窟造像

1.1 概况

魏家村石窟造像位于龙游县东华街道方坦村魏家自然村乌龟山南侧，坐北朝南。地理坐标：北纬28°58′37.2″，东经119°11′29.9″，海拔66米。调查区广泛分布中生代沉积岩，白垩系下统方岩组，巨厚层状，层面节理发育，层厚大于1米，岩体全－弱风化均有分布，其中弱风化岩体岩质坚硬，弱风化为主，工程性能良好。根据现场勘察，推测其岩石岩性为泥质粉砂岩。

三龛造像基本位于同一高度，呈西、中、东向分布，皆坐北朝南。魏家村石窟造像于2012年公布为龙游县县级文物保护单位，唐宋年间雕凿。主要病害类型有结构失稳、渗漏及表层劣化，病害分布如图4-32至图4-34。

1.2 结构失稳病害

1.2.1 本体裂隙失稳病害　　自西向东第三龛左上方窟顶存在一条断裂裂隙，长约1752毫米，最宽处约60毫米，沿窟顶弧形开裂；其下方有一条平行的机械裂隙，长约3090毫米，最宽处约58

图4-32　自西向东第一龛病害分布图

图 4-33　自西向东第二龛病害分布图

图 4-34　自西向东第三龛病害分布图

毫米；造像右上角还存在两条较短较细的风化裂隙（如图 4-34）。

自西向东第二龛造像正上方窟龛顶部存在一条断裂裂隙，长约 3187 毫米，宽约 40 毫米，横向贯穿（如图 4-33）。

由于造像赋存体为泥质粉砂岩，材料性能较差，裂隙使造像本体存在较大的结构失稳风险。

1.2.2　危岩体（崩塌）　　右侧石窟与左侧石窟之间出现了岩体内结构面切割现象，自西向东第三龛造像正上方窟龛顶部呈中空状态，内部岩石缺损（如图 4-35）；第一窟龛顶部山坡上长有粗壮的树木，发达根系进入岩石裂隙中，通过根劈作用，导致岩石机械性开裂破坏。两类病害同时发展，使造像存在崩塌的隐患（如图 4-36）。

1.3　渗漏病害

1.3.1　裂隙渗水　　由于窟龛内外存在较多裂隙，裂隙水病害较为普遍（如图 4-37）。

1.3.2　凝结水　　窟龛内部造像后方岩壁存在大面积凝结水病害（如图 4-38）。

1.4　表层劣化病害

主要为缺损、剥落、结壳、动物损害、高等植物损害以及低等植物与微生物损害六类病害。

1.4.1　缺损　　由于历史原因，造像曾遭受人为破坏，三尊造像头部均被损毁，缺失不见（如图 4-32 至图 4-34、图 4-38）。

图 4-35　危岩体

图 4-36　危岩体

图 4-37　裂隙水

1.4.2 剥落　　三尊造像主体表面均存在小范围的层片状剥落（如图4-39），但由于存在年代较长，表面粉末状剥落病害较为严重（如图4-38、图4-39）。

1.4.3 结壳　　三龛造像后方岩壁及外侧砖墙、岩体表面存在大面积水锈结壳病害（如图4-35、图4-37至图4-39）。

1.4.4 动物损害　　窟龛周围有大量村民饲养的家禽，家禽随意排泄的粪便污染文物的外貌，排泄物的污物发生的化学反应对文物岩体成分、结构造成损伤、破坏（如图4-40）。

1.4.5 高等植物损害　　石窟顶部有粗根系植物生长（如图4-36）。

1.4.6 低等植物与微生物损害　　造像本体及周围岩壁长有大量苔藓、霉斑等低等植物与微生物，约占窟龛总面积的50%（如图4-35、图4-37、图4-38）。

图4-38　凝结水

1.5 其他病害

不当修复　　窟龛内存在多处水泥修补痕迹（如图4-41）。

图4-39　层片状剥落

图4-40　动物损害

图4-41　水泥修补

2. 后祝村石刻观音

2.1 概况

后祝村石刻观音位于衢州市衢江区大洲镇南后祝村大茶园自然村东南 1.5 公里处，东为石壁悬崖，南依山凹，西邻毛竹山，北是山间路道。地理坐标：北纬 28°50′37.9″，东经 118°58′48.3″，海拔 376 米。境内地壳，经历了地槽—地台—陆缘活动三大发育阶段，形成了相应的碎屑沉积岩、海底火山喷发岩为主的海相，滨海相碎屑岩、碳酸盐岩为主的陆相火山喷发岩和陆缘粗碎屑堆积三大沉积建造系列，调查区广泛分布中生代沉积岩。根据后祝村石刻观音现场勘察推测，造像所处岩体岩性为石灰岩。

后祝村石刻观音刻在石壁上，摩崖高约 25 米，占地面积 1.518 平方米；在石框内除石观音像外，两侧刻有花瓶与烛台。后祝村石刻观音目前尚未核定为保护单位，为第三次全国文物普查不

图 4-42 病害分布图

可移动文物登录点，于乾明禅师112岁时（宋端拱元年即988年）刻建。主要病害类型有渗漏及表层劣化，病害分布如图4-42。

2.2 渗漏病害

面流水 窟龛外围岩壁存在大面积面流水病害（如图4-43）。

2.3 表层劣化病害

主要为缺损、剥落、表面溶蚀、结壳、斑迹以及低等植物与微生物损害六类病害。

2.3.1 缺损 由于历史原因，造像经受两次严重人为破坏，窟龛内部存在多处人为凿除痕迹（如图4-44）。

2.3.2 剥落 造像表面粉末状风化剥落严重，石刻仅剩大体轮廓可见（如图4-44）。

2.3.3 表面溶蚀 造像外围两侧岩壁上存在大量坑窝状孔洞（如图4-44）。

2.3.4 结壳 窟龛外围岩壁及龛内顶部存在水锈结壳病害（如图4-43、图4-44）。

2.3.5 斑迹 造像下方及两侧岩壁有明显的烟熏痕迹，约占窟龛总面积的5%（如图4-45）。

图 4-43 面流水

2.3.6 低等植物与微生物损害　　造像两侧及底部长有苔藓、霉斑（如图4-45），龛外岩壁多处长有大簇杂草（如图4-43）。

2.4 其他病害

人为破坏　　由于历史原因，造像经受两次严重人为破坏，窟龛内部存在多处人为凿除痕迹（如图 4-44）。

图 4-44　缺损剥落

图 4-45　斑迹

小结　病害调查分析与结论

1. 调查统计显示魏家村石窟造像结构失稳病害严重，造像赋存体为泥质粉砂岩，材料性能较差，造像本体存在较大的结构失稳风险。同时魏家村石窟造像存在较严重渗漏病害和表层劣化病害。

2. 目前，魏家村石窟造像已经处于工程保护阶段。

3. 调查统计显示，后祝村石刻观音露天保存，存在较多的表层劣化病害。

第三节　湖州地区石窟造像

1. 城山古城遗址造像

1.1 概况

城山古城遗址造像位于长兴县和平镇和平村城山顶。地理坐标：北纬30°48′51.6″，东经119°55′5.6″，海拔183米。城山古城遗址造像岩体岩性为钾长岗花岗岩，燕山中晚期，肉红－次白色，斑状结构，块状结构，斑晶为钾长石、正长石、斜长石，暗色矿物有黑云母，岩质坚硬，弱风化状，抗风化能力较强。

古城遗址北侧山麓300米山道西侧，凸起的三块巨石上雕凿有浅浮雕造像十尊，由北往南依次为第一号龛至第三号龛。2013年5月3日，城山古城遗址造像与城山古城遗址一起被列入第七批全国重点文物保护单位。初定为明清时期雕凿。主要病害类型有结构失稳、渗漏及表层劣化，病害分布如图4-46至图4-49。

图 4-46　第一龛病害分布图

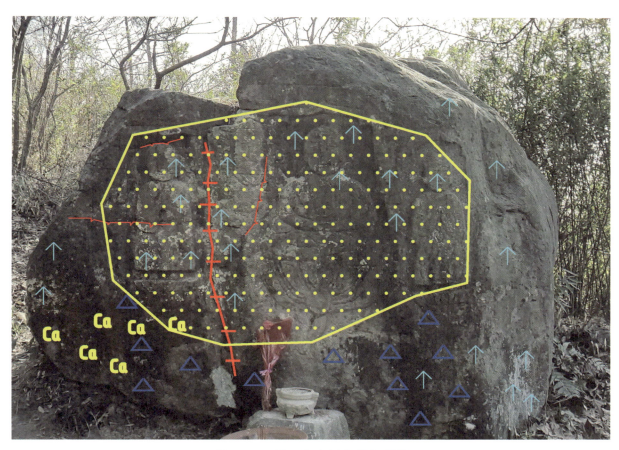

图 4-47　第二龛南侧病害分布图

图 4-48　第二龛北侧病害分布图

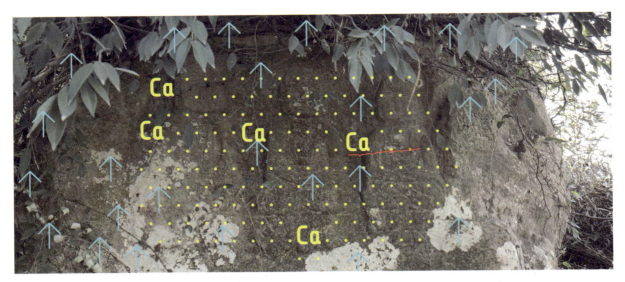

图 4-49　第三龛病害分布图

1.2 结构失稳病害

本体裂隙失稳病害　　第二龛南侧存在一条机械裂隙，长约 1080 毫米，宽约 12 毫米，竖直走向；第二龛北侧存在三条风化裂隙，北侧存在两条；第三龛最右侧佛像本体存在一条机械裂隙，其中最长的长约 878 毫米，宽约 4 毫米（如图 4-47 至图 4-49）。目前暂无结构失稳风险。

1.3 渗漏病害

面流水　　三处窟龛均为浅浮雕，受自然雨水侵蚀，水害面积约占岩壁面积的 90%（如图 4-50）。

图 4-50　面流水

1.4 表层劣化病害

主要为剥落、表面溶蚀、结壳、斑迹、高等植物损害、低等植物与微生物损害六类病害。

1.4.1 剥落　　三龛造像表面均存在严重的粉末状剥落病害，造像神情、五官模糊；第二龛南侧还存在大面积层片状剥落病害（如图4-51）。

1.4.2 表面溶蚀　　部分造像表面存在大量坑窝状孔洞（如图4-52）。

1.4.3 结壳　　造像表面及周围岩壁均存在水锈结壳痕迹（如图4-50）。

1.4.4 斑迹　　香炉摆放在造像正下方，燃烧的烟灰直接熏染岩石表面，在佛龛表面留下了大大小小浓淡不均的黑色烟熏垢层（如图4-53）。

1.4.5 高等植物损害　　第三龛造像上方枝叶茂密，树藤横生，缠绕在岩石顶部（如图4-54）。

1.4.6 低等植物与微生物损害　　三龛造像表面均存在青苔、霉斑，约占窟龛总面积的80%（如图4-50、图4-53、图4-54）。

图 4-51　剥落

图 4-52　表面溶蚀

图 4-54　高等植物损害

图 4-53　斑迹

2. 石佛寺石观音造像

2.1 概况

石佛寺石观音造像位于长兴县泗安镇塔上村椅子自然村狮子山顶。地理坐标：北纬30°52′53.6″，东经119°42′54.9″，海拔37米。石佛寺石观音造像所在区域广泛分布中生代火山碎屑岩，地层为白垩系，斑状结构，块状结构，斑晶为钾长石、正长石、斜长石，暗色矿物有黑云母，基质为花岗状，岩类为火成岩。根据现场勘察推测，造像所处岩体岩性为花岗岩。

石佛寺石观音造像依山岩形势在岩壁上凿成一石窟，内凿一石观音造像。观音造像为莲台坐像，坐南朝北。造像所处大雄宝殿为新修，两进五开间，歇山顶。南侧墙即为造像岩壁，窟龛上方有设截水沟／槽，为原有窟檐遗迹。石佛寺石观音造像目前尚未核定为保护单位，为第三次全国文物普查不可移动文物登录点，初定为明清时期雕凿。主要病害类型有结构失稳、渗漏及表层劣化，病害分布如图4-55。

图4-55　病害分布图

2.2 结构失稳病害

本体裂隙失稳病害　　观音像窟龛所处岩壁左侧为岩体原生裂隙，长约 2289 毫米，宽约 183 毫米，竖直走向；龛内左侧有一条风化裂隙，延伸至观音像背后，长约 1081 毫米，宽约 11 毫米（如图 4-55）。目前暂无结构失稳风险。

2.3 渗漏病害

凝结水　　造像处于室内环境，造像所处窟龛后方岩壁凝结水普遍，约占窟龛总面积的 60%（如图 4-56）。

2.4 表层劣化病害

主要为表面溶蚀、斑迹以及高等植物损害三类病害。

2.4.1 表面溶蚀　　龛窟外围岩壁存在大量坑窝状孔洞（如图 4-57）。

图 4-56　凝结水

图 4-57　表面溶蚀

图 4-58　斑迹

图 4-59　高等植物

图 4-60　网状材料

图 4-61　水泥修复

2.4.2 斑迹　　造像下方岩石有明显烟熏痕迹（如图 4-58）。

2.4.3 高等植物损害　　造像背后岩体有树木生长（如图 4-59）。

2.5 其他病害

不当修复　　造像由后人鎏金，漆面下敷网状材料（如图 4-60），又披上衣物；窟龛两侧有小塑像，底座为水泥抹面，属不当修复（如图 4-61）。

小结　病害调查分析与结论

1. 调查统计显示，城山古城遗址石造像露天保存，存在较多的表层劣化病害，建议实施工程保护，改善保存条件，加强管理，避免病害的进一步劣化。

2. 石佛寺石观音造像由于在室内，保存条件较好，病害较轻。

附录 1 浙江省石窟造像概况统计表

序号	文保单位（点）名称	地点	保护级别	年代	岩性	病害评估等级	建议措施
一				杭州地区			
1	大石佛院造像	西湖区西湖街道栖霞岭社区宝石山麓北山路25号旁岩壁上	市级文物保护单位	北宋宣和年间（1119—1125）	流纹岩	一般	保养
2	宝石山造像	西湖区北山街道宝石社区宝石山下一弄坚匏别墅以西岩壁上	杭州市文物保护点	始刻于元代，鼎盛于明代	流纹岩	一般	保养
3	紫云洞西方三圣造像	西湖区北山街道宝石山绿道1号线杭州西湖风景名胜区	新发现	清宣统元年（1909）	流纹岩	一般	保养
4	金鼓洞佛像	西湖区北山街道曲院社区栖霞岭金鼓洞	新发现	清代	流纹岩	一般	保养
5	黄龙洞慧开半身像	西湖区北山街道栖霞岭后黄龙洞内的黄大仙洞	新发现	南宋晚期	流纹岩	一般	保养
6	飞来峰造像	西湖区西湖街道灵隐社区灵隐景区飞来峰上	全国重点文物保护单位	五代至明代	石灰岩	严重	修缮
7	四牌楼道教造像	上城区紫阳街道元宝心吴山景区	新发现	明代	石灰岩	一般	保养
8	石观音阁旧址造像	上城区紫阳街道十五奎巷社区吴山瑞石山元宝心67号	三普登录点	五代吴越至明代	石灰岩	一般	保养
9	百佛岩造像	上城区紫阳街道吴山景区感花岩	新发现	不详	石灰岩	一般	保养
10	宝成寺麻曷葛剌造像	上城区紫阳街道十五奎巷社区吴山瑞石山东麓宝成寺内	全国重点文物保护单位	元至治二年（1322）	石灰岩	一般	保养
11	宝成寺三世佛造像	上城区紫阳街道十五奎巷社区吴山瑞石山东麓	全国重点文物保护单位	元代	石灰岩	一般	保养
12	通玄观造像	上城区紫阳街道太庙社区中山南路太庙巷7号杭州市紫阳小学内	省级文物保护单位	南宋至明代	石灰岩	严重	修缮
13	三茅观遗址造像	上城区清波街道清波门社区吴山紫阳山与云居山接合部	市级文物保护单位	明代	石灰岩	一般	保养
14	石佛院造像	上城区吴山云居山南麓白马庙巷	市级文物保护单位	北宋	石灰岩	一般	保养
15	圣果寺遗址造像	上城区南星街道馒头山社区将台山与凤凰山之间笤帚湾西面	市级文物保护单位	五代吴越	石灰岩	一般	保养
16	慈云岭造像	上城区玉皇山慈云岭南麓	全国重点文物保护单位	五代后晋天福七年（942）	石灰岩	一般	保养
17	石龙洞造像	上城区南星街道玉皇山社区将台山南侧山腰	市级文物保护单位	五代吴越	石灰岩	一般	保养
18	天龙寺造像	上城区南星街道玉皇山社区慈云岭西南侧天龙寺后的山岩上	全国重点文物保护单位	北宋乾德三年（965）	石灰岩	一般	保养
19	南观音洞造像	上城区玉皇山东南麓	杭州市文物保护点	南宋开禧年间（1205—1207）	石灰岩	一般	保养
20	莲花洞造像	西湖区西湖街道净寺社区南屏山北部山腰	杭州市文物保护点	五代吴越	石灰岩	一般	保养

续表

序号	文保单位（点）名称	地点	保护级别	年代	岩性	病害评估等级	建议措施
21	兴教寺造像	西湖区西湖街道南屏服务处	新发现	明代	石灰岩	严重	修缮
22	九曜山造像	西湖区九曜山主峰西侧山腰处	新发现	五代吴越	石灰岩	一般	保养
23	九曜山西方三圣像	西湖区九曜山主峰西侧山腰处	新发现	五代吴越至宋代	石灰岩	一般	保养
24	石屋洞造像	西湖区西湖街道满觉陇村满觉陇路东北侧石屋岭下	三普登录点	五代后晋天福年间（936—944）	石灰岩	一般	保养
25	满觉陇造像	西湖区西湖街道满觉陇村上满觉陇水乐洞东北侧	杭州市文物保护点	明代	石灰岩	一般	保养
26	烟霞洞造像	西湖区西湖街道翁家山村南高峰西侧翁家山南部烟霞岭烟霞洞内	全国重点文物保护单位	始雕于五代后晋开运年间（944—946），宋、清、民国各有增凿或改凿	石灰岩	严重	修缮
27	无门洞造像	西湖区西湖街道翁家山村烟霞岭北南高峰距离峰顶20余米处的南向悬崖避阴处	三普登录点	明代	石灰岩	严重	修缮
28	西山庵造像	西湖区双浦镇西山国家森林公园灵山风景区西山庵	三普登录点	明代	石灰岩	一般	保养
29	孔里空山造像	西湖区双浦镇灵山村西南部	三普登录点	明清	石灰岩	严重	修缮
30	仙桥洞洞口造像	西湖区双浦镇灵山村西南部灵山洞正南、仙桥洞洞口西侧外崖壁上	三普登录点	明代	石灰岩	一般	保养
31	灵仙庵造像	西湖区双浦镇灵山村南侧	三普登录点	晚清民国时期	石灰岩	一般	保养
32	万松岭龙王洞	西湖区西湖街道万松岭路万松书院停车场侧	新发现	南宋	石灰岩	一般	保养
33	欢喜岩造像	西湖区西湖街道净慈寺后山	新发现	五代	石灰岩	一般	保养
34	南山造像	余杭区瓶窑镇南山村南山东南石壁上	全国重点文物保护单位	元代	凝灰岩	严重	修缮
35	窑山造像	余杭区瓶窑镇里窑社区窑山南坡窑山花园	三普登录点	明清	凝灰岩	一般	保养
36	临平山龙洞摩崖石刻	临平区临平街道临平山绿道临平公园内	市级文物保护单位	元明时期	石灰岩	严重	修缮
37	海云洞造像	临平区塘栖镇超山风景区东园	省级文物保护单位	明代	石灰岩	一般	保养
38	半山村摩崖石刻	余杭区百丈镇半山村外半山自然村通往里半山自然村的道路边	三普登录点	清代早期	凝灰岩	一般	保养
39	九仙山石刻造像	临安区玲珑街道九仙寺内	三普登录点	清代	石灰岩	一般	保养
40	阴线刻坐佛	富阳区万市镇彭家村渚源美女山山腰	新发现	清代	石灰岩	一般	保养
41	灵隐石刻	富阳区万市镇平山村洞山自然村北面的灵隐山山腰	三普登录点	清代	石灰岩	一般	保养
42	桂泉摩崖石刻	富阳区新登镇长兰村约二华里的铜锣湾石塔山西麓龙潭山洞口左侧石壁上	三普登录点	清代	石灰岩	一般	保养
43	百丈山石刻造像	富阳区新登镇双塔村百丈山南面山腰	新发现	明代	石灰岩	一般	保养
44	小松源石刻造像	桐庐县百江镇松村行政村小松源水库里山坳路边观音庵内	县级文物保护单位	南宋淳熙十五年（1188）	石灰岩	严重	修缮
45	岩桥村石佛寺遗址造像	桐庐县凤川街道岩桥村	县级文物保护单位	宋代	石灰岩	一般	保养

续表

序号	文保单位（点）名称	地点	保护级别	年代	岩性	病害评估等级	建议措施
46	乌龙山玉泉寺佛像	建德市梅城镇龙泉村乌龙山	市级文物保护单位	唐代	石灰岩	一般	保养
二		台州地区					
1	仙岩洞摩崖石刻	三门县浦坝港镇仙岩村以北的石笋山仙岩洞内	省级文物保护单位	明嘉靖四十三年（1564）	凝灰岩	严重	修缮
2	朝阳洞石造像	三门县花桥镇上潘村岭头晓霞山的朝阳洞内	县级文物保护单位	明代	凝灰岩	一般	保养
3	大岭石窟造像	临海市括苍镇351国道西安寺北侧	市级文物保护单位	元至正初至洪武元年（1341—1368）	凝灰岩	一般	保养
4	清潭头石窟造像	临海市沿江镇清潭头村石佛堂	市级文物保护单位	明崇祯年间（1628—1644）	凝灰岩	一般	保养
5	大巍头石刻造像	台州市黄岩区澄江街道大巍头村松岩山猢狲跳天梯头	三普登录点	明代	流纹岩	一般	保养
6	佛岭姑娘石雕像	台州市黄岩区沙埠镇大虫坑村佛岭头西侧	三普登录点	清代	流纹岩	严重	修缮
7	横山洞摩崖石刻	三门县健跳镇洋市村健木公路3.7公里处内侧巨石上	三普登录点	明清	凝灰岩	一般	保养
8	大悲洞石窟	临海市杜桥镇，225省道下方水库河滩边	新发现	清代	凝灰岩	严重	修缮
9	石鼓洞石窟	临海市桃渚镇芙蓉村沙门头紫霞山上	新发现	明代	凝灰岩	一般	保养
10	香岩石窟造像	临海市东塍能仁村下面一个村车门坦香岩路廊上	新发现	明代	凝灰岩	一般	保养
11	四果洞造像	天台县赤城街道桐柏山南侧	新发现	明清	凝灰岩	严重	修缮
三		温州地区					
1	石马山岩画	瑞安市林溪乡溪坦村南面	省级文物保护单位	南北朝	凝灰岩	一般	保养
2	石佛山摩崖石刻	瑞安市高楼乡东村石佛山东麓岩壁上	省级文物保护单位	元延祐元年（1314）	花岗岩	一般	保养
3	岩庵坑摩崖石刻	瑞安市高楼乡东北3.5公里东村村岩庵坑山南麓岩壁上	省级文物保护单位	元代	花岗岩	严重	修缮
4	樟山摩崖造像	文成县龙川乡过山村樟山自然村	县级文物保护单位	元泰定三年（1326）	花岗岩	严重	修缮
5	法华禅寺及石刻造像	乐清市南岳镇上岙嵩山南面山谷中	县级文物保护单位	清代	花岗岩	一般	保养
6	双岙石胜观摩崖造像	温州市龙湾区永中街道双岙村石胜观后院古佛岩岩壁上	区级文物保护单位	宋代	花岗岩	严重	修缮
7	瑶溪倒垄坑摩崖造像	温州市龙湾区省级风景名胜区瑶溪风景区境内	三普登录点	清代	花岗岩	一般	保养
四		绍兴地区					
1	柯岩造像及摩崖题刻	绍兴市柯桥区柯岩街道柯岩风景区内	全国重点文物保护单位	五代、宋朝、明清时期	凝灰岩	一般	保养
2	新昌大佛寺石弥勒像	新昌县大佛寺景区内	全国重点文物保护单位	南朝梁天监十二至十五年（513—516）	凝灰岩	严重	修缮
3	新昌千佛岩石窟造像	新昌县大佛寺景区内	全国重点文物保护单位	南朝齐永明三年（485）	凝灰岩	严重	修缮

续表

序号	文保单位（点）名称	地点	保护级别	年代	岩性	病害评估等级	建议措施
4	羊山造像及摩崖石刻	绍兴市柯桥区齐贤街道羊山石佛风景区内	省级文物保护单位	唐代	凝灰岩	一般	保养
5	石屋禅院造像	绍兴市越城区城南街道九里村会稽山西麓山道边	省级文物保护单位	明代	凝灰质砂砾岩	一般	保养
6	峰山道场遗址造像	绍兴市上虞区曹娥街道梁巷居委会峰山东麓	市级文物保护单位	唐代	凝灰岩	严重	修缮
7	湖安村驼峰山弥勒造像	绍兴市柯桥区马鞍镇湖安村驼峰山北侧山腰间	绍兴县文物保护点	明万历二十四年（1597）	凝灰岩	一般	保养
8	苍岩牛头岩石刻佛像	嵊州市甘霖镇苍岩村北侧牛头岩葛仙翁庙下百米左右之崖壁上	三普登录点	明清	玄武岩	严重	修缮
9	赵婆岙村铁佛寺	新昌县七星街道赵婆岙村兵舰山半山腰	三普登录点	清同治九年（1870）	砂砾岩	一般	保养
五				宁波地区			
1	达蓬山摩崖石刻	慈溪市龙山镇徐福村达蓬山佛迹洞东南侧百米远的崖壁上	省级文物保护单位	清康熙五十九年（1720）	凝灰岩	严重	修缮
2	胡公岩摩崖石刻	余姚市阳明街道胜归山东南坡	省级文物保护单位	明嘉靖四十年（1561）	凝灰岩	严重	修缮
3	补陀洞天造像	宁波市鄞州区东钱湖镇霞屿山下	县级文物保护单位	南宋	凝灰岩	一般	保养
4	岭南菩萨摩崖造像	宁波市鄞州区东钱湖镇韩岭村岭南山一岩壁上	三普登录点	明清	凝灰岩	一般	保养
六				舟山地区			
1	潮音洞摩崖石刻	舟山市普陀区普陀山不肯去观音院景区内	省级文物保护单位	清代	花岗岩	严重	修缮
2	仙人井摩崖石刻	舟山市普陀区普陀山镇前山村珠宝岭北狮象岩南侧崖面	三普登录点	清代	花岗岩	一般	保养
3	珠宝岭北摩崖石刻	舟山市普陀区普陀山珠宝岭北坡西侧一巨岩东、北立面	三普登录点	明清	花岗岩	严重	修缮
七				金华地区			
1	石屏岩造像	东阳市湖溪镇前山何行政村前山何自然村石屏岩	市级文物保护单位	不详	凝灰岩	严重	修缮
2	躲轮山摩崖石刻造像	金华市婺城区雅畈镇和安村北面约1.5公里处的躲轮山上	金华市市级文物保护点	明清	凝灰岩	一般	保养
3	殿里红岩石佛	兰溪市马涧镇钱塘垄水库东南侧红岩脚村的红岩山上	三普登录点	明代	沉积岩	严重	修缮
八				衢州地区			
1	魏家村石窟造像	龙游县东华街道方坦村魏家自然村乌龟山南侧	县级文物保护单位	唐宋年间	泥质粉砂岩	严重	抢救性保护
2	后祝村石刻观音	衢州市衢江区大洲镇南后祝村大茶园自然村东南1.5公里处	三普登录点	宋端拱元年（988）	石灰岩	一般	保养
九				湖州地区			
1	城山古城遗址造像	长兴县和平镇和平村城山顶	全国重点文物保护单位	明清	凝灰岩	严重	修缮
2	石佛寺石观音造像	长兴县泗安镇塔上村椅子自然村狮子山顶	三普登录点	明清	花岗岩	一般	保养

附录2 浙江省石窟造像病害统计

1. 杭州西湖北山石窟造像（勘察于2021年1月）

石窟（摩崖造像）名称	结构失稳					渗漏				表层劣化																其他				保护建议
	断裂	机械裂隙	原生裂隙	风化裂隙	危岩岩体	面流水	裂隙渗水	凝结水	毛细水	缺损	剥落	表面溶蚀	分离空鼓	破裂	划痕	结垢	结壳	锈蚀变	附积	斑迹	晶析	动物	高等植物	低等植物与微生物	不当修复	重塑镀金	人为破坏	其他	
大石佛院造像		🔴	●	●		●	🔴			●	●	●	●						🔴				●	●			●	●	保养
宝石山造像		●		●						●	●	●	●						●				●	●			●		保养
紫云洞西方三圣造像		●					🔴				●									●					●	●			保养
金鼓洞佛像			●			●	●										●							●		●			保养
黄龙洞慧开半身像										●										●				●	●				保养
飞来峰造像	●	●	●	●	🔴	●	🔴	●	●	●	●	●	●	●	●	●	●		●	●	●	●	●	🔴	●		●		修缮

说明：病害统计中的红色圆点表示为病害程度严重，黑色圆点表示为病害程度一般。

2. 杭州西湖南山石窟造像（勘察于 2021 年 1 月）

石窟（摩崖造像）名称	结构失稳					渗漏				缺损	剥落	表面溶蚀	分离空鼓	破裂	表层劣化							动物	高等植物	低等植物与微生物	其他				保护建议
	断裂	机械裂隙	原生裂隙	风化裂隙	危岩体	面流水	裂隙渗水	凝结水	毛细水						划痕	结垢	结壳	锈变	附积	斑迹	晶析				不当修复	重塑镀金	人为破坏	其他	
四眼楼道教造像		●				🔴				●	●								●					🔴					保养
石观音阁旧址造像		●		●			●			●	●									●					●		●		保养
百佛岩造像		●	●	●		●	●			●	●				●			●	●				●	🔴			🔴		保养
宝成寺麻曷葛剌造像		●					●				●						●		●					●					保养
宝成寺三世佛造像		●	●				●				●				●	●	●		●			●		●					保养
通玄观造像		●		●		●	●			●	🔴	🔴							●					●					修缮
三茅观遗址造像		●		●			●			●	●						●							●					保养
石佛院造像		●		●			●				🔴												●	●				●	保养
圣果寺遗址造像		●		●		●	●			●	🔴		●				●		●					●					保养
慈云岭造像		●		●			●			●	●						●			●	●			●	●				保养
石龙洞造像		●		●			●			●	●									●			●	●					保养
天龙寺洞造像		●		●			●				●					●	●		●				●	●	●				保养
南观音洞造像		●					●				🔴			●										●					保养
莲花洞造像		●	●	●		🔴	●			●	●		🔴				🔴							●		●			保养
兴教寺造像		●		●			●			●	🔴						●		●					●					保养
九曜山造像		●					●			●	●		●				●		●					●					保养
九曜山西方三圣像		●	●				🔴				🔴													🔴					保养
石屋洞造像		●	●							●	🔴		●				●		●				●	●			●		保养
满觉陇造像		●	●	●						●	●																		保养

续表

石窟(摩崖造像)名称	病害类型																												保护建议
	结构失稳				渗漏				表层劣化																其他				
	断裂	机械裂隙	原生裂隙	危岩体	面流水	裂隙渗水	凝结水	毛细水	缺损	剥落	表面溶蚀	分离空鼓	破裂	划痕	结垢	结壳	锈变	附积	斑迹	晶析	动物	高等植物	低等植物与微生物	不当修复	重塑镀金	人为破坏	其他	
烟霞洞造像		●	●	●		●			●	●					●	●			●				●					修缮
无门洞造像		●		●		●			●	●	●					●						●	●					修缮
西山庵造像																		●	●				●		●			保养
孔里空山造像			●	●	●		●		●	●						●		●					●					修缮
仙桥洞洞口造像		●		●			●									●							●					保养
灵仙庵造像				●	●				●	●								●	●						●			保养
万松岭龙王洞				●	●				●						●	●			●				●					保养
欢喜岩造像				●			●		●	●	●					●					●		●					保养

3、杭州余杭、临安、富阳、桐庐、建德石窟造像（勘察于2021年1—2月）

石窟名称（摩崖造像）	病害类型																											保护建议
	结构失稳				渗漏										表层劣化									其他				
	断裂/机械裂隙	原生裂隙	风化裂隙	危岩岩体	面流水	裂隙渗水	凝结水	毛细水	缺损	剥落溶蚀	表面溶蚀	分离	空鼓破裂	划痕	结垢	结壳	锈变	附积	斑迹	晶析	动物	高等植物	低等植物与微生物	不当修复	重塑镀金	人为破坏	其他	
南山造像	●			●	●(红)					●						●(红)		●					●					修缮
窑山造像			●						●	●									●						●			保养
临平山龙洞摩崖石刻	●		●						●	●									●(红)	●			●					修缮
海云洞		●					●		●	●							●	●	●				●					保养
半山村摩崖石刻					●(红)		●																●					保养
九仙山石刻造像	●				●(红)					●								●					●					保养
阴线刻坐佛	●				●					●(红)						●							●(红)			●		保养
灵隐石刻	●								●																			保养
桂泉摩崖石刻		●							●	●												●						保养
百丈山石刻造像	●	●			●	●	●		●	●						●		●					●					保养
小松源石刻			●	●(红)															●(红)				●		●		●	修缮
岩桥村石佛寺遗址造像										●															●			保养
乌龙山玉泉寺佛像																									●			保养

4. 台州、温州地区石窟造像（勘察于2021年1—2月）

石窟（摩崖造像）名称	病害类型																													保护建议
	结构失稳					渗漏				表层劣化																其他				
	断裂	机械裂隙	原生裂隙	风化裂隙	危岩体	面流水	裂隙渗水	凝结水	毛细水	缺损	剥落	表面溶蚀	分离	空鼓	皲裂	划痕	结垢	结壳	锈变	附积	斑迹	晶析	动物	高等植物	低等植物与微生物	不当修复	重塑镀金	人为破坏	其他	
仙岩洞摩崖石刻		🔴		●	🔴	●	🔴				🔴	🔴						🔴			🔴	🔴			●	●				修缮
朝阳洞石造像		●		●						●	●									●	●	●					●			保养
大岭石窟造像	🔴			●						●	●										●				●				●	保养
清潭头石窟造像				●						●	●							●			●			●	●	●				保养
大巍头石刻造像				●						●	🔴	🔴						●		●					●	●				保养
佛岭姑娘石雕像		🔴					●				🔴	🔴						●			🔴				●					修缮
横山洞摩崖石刻								●													●		●			●	●	●		保养
大悲洞石窟			🔴	●	🔴			●			🔴	🔴						🔴						●	●				🔴	修缮
石鼓洞造像				●						●	●									●		●	●	●			●			保养
香岩石窟造像								●		●										●	●			●	●	●	●			保养
四果洞造像					🔴			●			🔴							●						●	●					修缮
石马山岩画																														保养
石佛山摩崖刻像										●																				保养
岩庵坑摩崖刻像				●	🔴	🔴	🔴				●							●			●		●		●					修缮
樟山摩崖造像					🔴	🔴					🔴	🔴						●		●					●					修缮
法华禅寺及石刻造像			●	●	🔴			●										●			●		●				●			保养
双岙石胜观摩崖造像		●	●	●	🔴	🔴				🔴	🔴	🔴						🔴			●		●		🔴	●				修缮
瑶溪倒垄坑摩崖造像			●	●	🔴	●					●							●				●		●	●					保养

5、绍兴、宁波、舟山地区石窟造像（勘察于2021年1—2月）

石窟（摩崖造像）名称	机械裂隙	原生裂隙	风化裂隙	危岩体	面流水	裂隙渗水	凝结水	毛细水	缺损	剥落	表面溶蚀	分离/空鼓	破裂	划痕	结垢	结壳	锈变	附积	斑迹	晶析	动物	高等植物	低等植物与微生物	不当修复	重塑镀金	人为破坏	其他	保护建议
柯岩造像及摩崖题刻	●		●		●											●							●					保养
新昌大佛寺石弥勒像							🔴			🔴																	●	修缮
新昌千佛岩石窟造像				🔴						🔴		🔴							●						●			修缮
羊山造像及摩崖石刻										●	●					●			●								●	保养
石屋禅院造像		●				●				●						🔴												保养
峰山道场遗址造像	●				🔴					●						●								●				修缮
湖安村石弥勒山造像	🔴	●							●	🔴		🔴																保养
苍岩牛头岩石刻佛像	●									●	🔴	●				●			●				●		●			修缮
赵婆岙村铁佛寺	●									🔴						🔴				●					●			保养
达蓬山摩崖石刻			●	●	●					●			●			●		●			●		●	●				修缮
明公岩摩崖石刻	●	●	●		●		●			🔴						●			🔴				●		●			修缮
补陀洞天造像	🔴																		🔴						●			保养
岭南菩萨摩崖造像	●	●		🔴	●					●									🔴				●		●			保养
潮音洞摩崖石刻				🔴	🔴					●						●		●	🔴				🔴		●			修缮
仙人井摩崖石刻	●									🔴						●			🔴									修缮
珠宝岭北摩崖石刻	🔴								🔴	🔴				🔴				●	🔴			🔴	🔴					修缮

6. 金华、衢州、湖州地区石窟造像（勘察于2021年1—2月）

石窟（摩崖造像）名称	结构失稳				渗漏				表层劣化													其他			保护建议
	机械断裂裂隙	原生裂隙	风化裂隙	危岩体	面流水	裂隙渗水	凝结水	毛细水	缺损	剥落	表面溶蚀	分离空鼓	破裂	划痕	结垢	锈变结壳	附积斑迹	晶析	动物	高等植物	低等植物与微生物	不当修复	重塑镀金	人为破坏	
石屏岩造像	●	●			●	●				●		●									●				修缮
躲轮山摩崖石刻造像	●		●		●				●	●		●				●					●	●			保养
殿里红岩岩石佛	●		●		●				●		●					●	●				●	●			修缮
魏家村石窟造像			●	●		●	●		●	●						●				●	●	●			修缮
后祝村石刻观音				●					●	●	●					●	●			●				●	保养
城山古城遗址	●		●		●				●	●	●					●	●			●	●	●			修缮
石佛寺石观音造像		●	●				●		●											●	●		●		保养

附录3 石窟造像的主要病害类型与形成机理

根据《石质文物保护工程勘察规范》（WW/T 0063-2015）中的定义，石质文物病害（diseases of stone monument）是指石质文物在自然营力作用和人为因素影响下所形成的、影响文物结构安全和价值体现的异常或破坏现象。

根据中国古迹遗址保护协会2020年编写的《文物保护工程专业人员学习资料·石窟寺及石刻》中的定义，石窟寺及石刻病害是指在地质营力作用、生物活动、人为活动等影响下形成的，对石窟寺及石刻环境与载体岩体造成破坏的地质病害现象，以及对石窟寺石雕像、石刻、壁画、塑像等造成材料劣化、微观结构损伤、形态及形制破坏、结构失稳、颜色变化等，影响石窟寺及石刻文物本体安全和文物价值的破坏现象。

本附录主要依据行业标准《石质文物保护工程勘察规范》，并参考"全国石窟寺专项调查报告"模板、行业标准《石质文物病害分类与图示》（WW/T002-2007）、国家标准《馆藏砖石文物病害与图示》（GBT 30688-2014）以及中国古迹遗址保护协会编写的《文物保护工程专业人员学习资料·石窟寺及石刻》一书，将石窟造像的本体及载体主要病害类型以结构失稳病害、渗漏病害和表层劣化病害展开描述。

1. 结构失稳病害

结构失稳病害是指文物主体结构或其所依存的载体环境所产生的局部或整体不稳定现象。

1.1 本体裂隙失稳病害

由于裂隙切割及裂隙发展演化，以及岩石结构损伤、材料劣化等影响，石窟造像本体岩体失去其既有的力学平衡状态，造成石窟寺石雕像、石刻、壁画、塑像等发生开裂、变形、位移，直至垮塌，对石窟造像形态、形制、结构造成损害，影响文物本体安全和文物价值。开裂失稳病害的对象是石窟造像雕刻艺术品和本体岩体，即石窟造像雕刻品本身，或支撑雕刻品的岩体，由于岩体力学状态的调整，失去原有结构平衡状态，产生开裂、变形、位移等，造成雕刻品或支撑雕刻品的岩体局部结构失稳、整体结构失稳的破坏现象。引发石窟造像岩体力学状态变化，失去原有平衡状态的原因既有岩石材料劣化、微观结构损伤、强度降低、承载力下降诱发变形，也有岩体材料劣化、结构形态发生变化产生营力集中，诱发开裂。

石窟造像本体开裂失稳病害，与地质环境及载体岩体的崩塌、滑坡等地质病害相比，规模小，开裂变形小，但由于直接发生在雕刻艺术品上，其损伤或损毁破坏是对雕刻品的直接破坏，危害性极大，也是石窟造像比较普遍的病害现象。

石窟造像裂隙包括断裂、机械裂隙、原生裂隙和风化裂隙四大类，其中断裂、机械裂隙多为机械损伤所致，具体分类描述如下：

（1）断裂——石窟造像整体贯穿性且有明显位移的开裂现象。这里指的是断裂而非一般意义上的裂隙，特指贯穿性且有明显位移的断裂与错位的现象。

（2）机械裂隙——由于外力作用如撞击、倾倒、跌落、地震及其地基沉降、受力不均等导致的石窟造像开裂现象，一般这类裂隙大多深入到石材或砖体内部，严重时机械裂隙相互交切、贯穿，极易导致石窟造像的整体断裂与局部脱落。

（3）原生裂隙——石窟造像石材原生的构造或层理裂隙。

（4）风化裂隙——由于自然风化、溶蚀现象导致的沿石窟造像材质纹理发育的浅表裂隙，除薄弱夹杂带附近呈条带状分布且较深外，一般比较细小，延伸进入石刻内部较浅，多呈里小外大的 V 形裂隙。

1.2　载体环境工程地质病害

1.2.1　危岩体（崩塌）

浙江石窟寺和摩崖造像多开凿在依山一侧或两侧的陡崖上，陡峻的边坡岩体因重力卸荷而发育的岸边卸荷裂隙，是影响边坡岩体稳定的主导因素，是岩体结构失稳的主要危害。其次是构造裂隙的危害，构造裂隙与卸荷裂隙或边坡走向呈近直角相交状，将边坡岩体切割成许多碎块，破坏了边坡岩体完整。此外，还有层面裂隙和风化裂隙等也是边坡岩体失稳的重要因素，这些裂隙具有切割面和滑移面的破坏作用。总之，由于各种不同成因的岩体裂隙的相互切割，致使石窟寺和摩崖所在边坡的岩体形成了可能变形、滑移、崩塌、错落的分离体，进而导致石窟寺和摩崖边坡岩体的结构失稳破坏。岩体失稳主控影响因素主要包括岩体内结构面切割、地震、裂隙水、压力、人为破坏、其他因素（差异风化、溶蚀等）。

危岩体是指石窟造像岩体被多组结构面切割，在重力、风化营力、地应力、地震、水体等作用下与母岩逐渐分离，岩体结构不完整，具备崩塌的条件，出现了裂隙面扩展、变形、位移等崩塌现象，稳定性较差的岩体。危岩体虽然还没有发生崩塌破坏，但具备发生崩塌的主要条件，是潜在的崩塌体。

斜坡被陡倾的破裂面分割而成的岩土体，突然脱离母体并以垂直位移运动为主，以翻滚、跳跃、坠落等方式而堆积于坡脚，这种现象和过程即称为崩塌。在石窟与石刻中，在裂隙切割下，开裂破坏，有失去稳定性风险的陡直造像崖壁、洞窟、碑刻与造像叫危岩体。危岩体以突然脱落现象为坍塌。按规模大小可以分为山崩和坠石。

崩塌的特征是：一般发生在崖壁的坡肩、坡面及洞窟悬空处，质点位移矢量垂直方向较水平方向要大得多，崩塌发生时无依附面，多是突然发生的，运动较快。

根据危岩破坏时的初始运动方式，将危岩分为倾倒式、滑移式、错断式、悬挑式、坐落式和坠落式等六类。

危岩体是石窟造像常见的病害，是石窟造像重点治理病害之一。据统计，我省的崩塌灾害发生的次数不是很多，规模一般也不大，以小型为主。

1.2.2 滑坡

滑坡是石窟寺及石刻岩体受河流冲刷、地下水活动、雨水浸泡、地震及人工切坡等因素影响，在重力作用下，沿着一定的软弱面或者软弱带，整体地或者分散地顺坡向下滑动的破坏现象。滑坡的机制是某一滑移面上剪应力超过了该面的抗剪强度所致。

滑坡是全省最为严重的地质灾害。滑坡不仅分布于山地、丘陵，在城镇附近、沿海码头亦时有发生，给国民经济和人民生命财产造成了很大损失。经现有资料分析，全省滑坡规模以中小型为主。根据滑坡体物质成分、滑坡的运动方式，我省的滑坡可分成四种：碎屑岩体滑坡、玄武岩蠕动滑坡、淤泥质土层滑坡和基岩风化残坡积层滑坡。

1.2.3 泥石流

泥石流是指在山区或者其他沟谷深壑、地形险峻的地区，因为暴雨或暴雪等自然灾害引发的山体滑坡并携带有大量泥沙以及石块的特殊洪流。

我省发生的泥石流以突发暴雨型为主，分布较为零星，至目前为止，全省泥石流多为小型。可分为沟谷型和山坡型两类。另外，随着采矿业的发展，废矿渣任意堆放于山坡，也可能导致泥石流发生。

1.2.4 洪涝

洪水是降雨（暴雨）诱发水位迅猛上涨，威胁环境及人员安全，造成灾害的水流。洪水可以单独形成自然灾害，往往也衍生形成泥石流灾害。我省年内降水多集中在4～9月的春雨、梅雨和台风雨季节，常形成暴雨、洪涝等气象灾害，是山区地质灾害高发期。

20世纪80年代开始，我省洪涝灾害急剧增加，灾情严重，目前洪涝灾害稳定在高水平，受灾程度居高不下。东南沿海丘陵平原及太湖流域成灾情况较严重。

1.2.5 地震

石窟寺及石刻地震病害是指地震破坏作用导致山体崩塌、滑坡等，造成石窟寺及石刻损毁破坏。

地震对石窟与石刻的破坏主要来自地震波。震源发出的地震波是一种弹性波，包括体波和面波两种。体波是通过地球本体传播的波，而面波是由体波在物质界面上形成的次生波，即体波以经过反射、折射而沿地面传播的波。各种地震波的传播速度以纵波最快，横波次之，面波最慢。

由于横波和面波的振幅较大，所以一般情况下，当横波和面波到达时，地面振动最强烈，造成建筑物、石窟与石刻破坏。位于陡峭崖壁或孤立岩体上的石窟石刻，在地震时，震动效应会因为孤立地形而叠加放大，从抗震上看，属于抗震不利地段。地震对石刻与石窟的破坏主要是导致岩石崖壁坍塌、洞窟与石刻破坏，另外岩体开裂将为后期的渗水、风化提供条件。

浙江的地理位置恰好避开了环太平洋地震带与欧亚地震带两大地震带，处于地质相对安全地带，浙江省地震具有震级小、强度弱、频度低的特征，区域稳定性总体较好。

2. 渗漏病害

渗漏病害指大气降水、地表水或地下水在文物本体表面及洞窟内渗出，对文物本体产生破坏的现象，可综合划分为面流水、裂隙渗水、凝结水、毛细水等四种病害类型。

水是地壳风化作用中最活跃的影响因素，对石窟造像保存状态影响也最大。石窟石刻，常年浸泡于水中或常年处于干燥状态，岩石的保存状态一般较好。最容易出现问题的是地下水波动带，即地下水高水位与低水位之间的区域。另外地下水毛细上升高度末端盐害集中部位，也是风化相对严重的区域。

2.1 面流水

面流水主要是指雨水和地表水直接冲刷文物表面，将岩石中的可溶性胶结物带走，增加了岩石表面的孔隙率和疏松度。

2.2 裂隙渗水

裂隙渗水主要是指岩石裂隙中的地下水，通过水岩作用侵蚀文物本体。基岩裂隙水沿裂隙及构造破碎带赋存并向临空面运移，对危岩体产生静水压力；同时湿润岩体产生水汽，遇冷形成凝结水；当水位较浅时，还产生毛细水危害。渗水点浸泡软化崖面岩体，加剧了岩体的冲蚀、风化和冻融破坏作用，是岩体失稳的重要原因之一；部分渗水直接流入洞窟，威胁文物安全。

裂隙水主要以构造裂隙水为主。构造裂隙水一般分布不均匀、水力联系不好。但对于层状岩层中，构造裂隙发育较为均匀，在层面裂隙的沟通下，构造裂隙水的水力联系较好，容易形成比较严重的渗水病害。

2.3 凝结水

在自然环境中，由于石窟造像岩石表面辐射冷却，岩石表面空气温度下降到露点以下，在岩石表面上凝结而成的水，称为凝结水。凝结水产生的气候条件一般在天气晴朗、无风或微风的夜晚或清晨。石窟造像凝结水形成有两种类型：一是以气候条件变化为主的洞窟凝结水，二是以岩土内部水汽运移为主的洞窟凝结水。

2.4 毛细水

部分石窟（摩崖造像）岩体由于地下水水位较浅，其地下水水位埋深高度小于岩体毛细水强烈上升高度。毛细水的上升，使岩体湿度增大，特别是地下水在运移上升过程中，会和各种岩土相互作用，岩土中的可溶性物质随水迁移，使毛细水溶液通常具有温度、颜色、导电性等物理性质以及 CI^-、HCO_3^-、Na^+、K^+、Ca^{2+}、Mg^{2+} 等离子。毛细水的运移及形成对石窟造像岩体的危害主要表现为：诱发可溶盐积聚、沉积，造成可溶盐循环结晶破坏作用；使岩体长期处于潮湿状态，加剧材料劣化、微观结构损伤；冰冻季节，毛细水带岩石会产生冰冻破坏。

3. 表层劣化病害

根据石窟造像文物表层所产生的破坏文物表面结构完整性或影响保存现状及文物价值体现的现象，可综合划分为表层完整性破坏类、表层完整性损伤类、表面形态改造类、表面颜色变化类、生物寄生类等五类病害。

（1）表层完整性破坏类是指文物岩石材料表层各种形式的缺失且在无依据情况下无法修复的病害，可分为缺损、剥落和溶蚀三种。

（2）表层完整性损伤类是指文物岩石材料表层各种形式的局部破损，但可在现条件下修复的病害，可分为分离、空鼓、龟裂和划痕四种。

（3）表面形态改造类是指文物岩石材料表层结构完整性保存较完好的前提下，表面形态由于其他物质覆盖而造成的各种变化的病害，可分为结垢、结壳两种。

（4）表面颜色变化类是指岩石材料表层结构完整性保存较完好，表面形态变化不大的前提下，表面或表层颜色的各种变化的病害，可分为锈变、晶析、斑迹和附积四种。

（5）生物寄生类是指岩石材料表层结构完整性保存较完好，表面形态变化不大的前提下，表面生物生长、活动的痕迹，并可处理的各种病害，可分为高等植物、低等动物痕迹、低等植物和微生物四种。

3.1 缺损

石材表面部分或全部因损伤而缺失的现象。

3.2 剥落

石材表层全部或部分在较小的外力条件下发生基本平行于壁面逐渐脱离母体的现象。根据剥落物的形态分为粉末状剥落、颗粒状剥落、鳞片状剥落、层状剥落、片状剥落、板状剥落六个类型。

粉末状剥落多发生在以泥质胶结物为主的岩石，剥落物呈松散细粒粉末，直径＜0.2毫米，触摸无摩擦感，遇水有泥化倾向，多发育在遭受大气降水侵蚀严重的部位及建筑物背阴处。

颗粒状剥落多发生在以钙质胶结物为主的岩石，剥落物呈细粒，直径≥0.2毫米，触摸有摩擦感，遇水无泥化倾向。

鳞片状剥落指石材表层以厚度小于2毫米的交错薄层形式剥落，类似鱼鳞状现象，也称为鱼鳞状风化病害，其剥落体厚度往往均一、易碎。

层状剥落通常指石材表层3～5毫米厚的平行多层形式剥落的现象，剥落体完整性差，多不成形。

片状剥落病害通常指石材表层平行单层剥落的风化破坏现象，开裂层的厚度小于5毫米，剥落片状体轴向最大长度30～50毫米，剥落体厚度较均一，完整性较好。

板状剥落通常指石材表层以单片板状形式平行剥落的现象，剥落体厚度大于5毫米，轴向最大长度大于50毫米，剥落体完整性好。

粉末、颗粒状剥落其产生原因主要是由于岩石表层水渗流、溶蚀作用，表层岩石胶结物流失或长石等易风化矿物分解、蚀变，颗粒失去胶结联结作用，出现泥化或沙化破坏现象。

层片状剥落风化病害产生原因主要是以力学状态损伤诱发为主、微观结构损伤诱发为辅的破坏形式。由于风化作用，表层岩石力学状态发生损伤破坏，尤其是抗拉强度降低，产生平行于临空面的张拉性破坏形式。其中以温差循环作用、干湿循环作用为主。鳞片状剥落除了力学作用影响外，风化过程中次生盐类的结晶作用影响也较大。

3.3 表面溶蚀

长期遭受雨水冲刷的石窟造像，表面由于水解反应或溶解形成坑窝或沟槽状的现象称为表面溶蚀。表面溶蚀在碳酸盐类质文物的表面较为常见，酸雨会导致这一现象的加剧。

水解作用指矿物遇水后发生水解并与 OH^-、H^+ 反应生成新的矿物，最典型的是砂岩矿物中的长石蚀变现象。岩石中正长石 $KAlSi_3O_8$ 和钠长石 $NaAlSi_3O_8$ 都能发生水解反应（长石中的 K^+、Na^+ 被水电离的 H^+ 置换）成为黏土矿物高岭石 $Al_4(Si_4O_{10})(OH)_8$，经水解作用形成的 KOH、$NaOH$ 随水流失，析出的一部分 SiO_2 呈胶体随水流失，一部分形成蛋白石（$SiO_2 \cdot nH_2O$）留存于原地，松散的高岭石作为残积物。在长石高岭石化过程中，不仅由于钾离子、钠离子和二氧化硅被移去，体积缩小，能产生一定量的孔隙空间，而且自生黏土矿物对砂岩渗透率的破坏远大于对孔隙度的破坏。在水的作用下，长石高岭石化过程逐步导致砂石产生酥粉、剥离脱落等病害。水解出的 K^+、Na^+、Mg^{2+} 等离子又为盐害的发育提供了物质基础。

溶解作用在岩石化学风化中是一个普遍现象。水作为一种天然良好的溶剂，会导致矿物在水中溶解，各种矿物的溶解度相差很大，岩盐、硬石膏之类矿物具有很高的溶解度。因此溶解作用对方解石、硬石膏、岩盐含量较高的岩石的破坏更为突出，如以方解石、白云石为主体的碳酸盐岩石窟造像、钙质胶结砂岩石窟造像。岩石在水中的溶解，以及土壤与岩石里的难溶化合物在水中的溶解或淋滤，都是形成天然水化学组分的主要过程。方解石在碱性溶液和酸性溶液中的溶解是完全不同的。当介质 pH ＜ 8 时，方解石在水中的溶解度仍可超过 100mg/L，大气降水补给的侵蚀性 CO_2 使方解石发生如下水解：$CaCO_3+CO_2+H_2O \rightarrow Ca(HCO_3)_2$，生成易溶性碳酸氢钙后，$Ca^{2+}$ 随水逐步流失，呈溶解状态的碳酸氢钙在崖壁表面浓缩过饱和或因为光和热的作用重新分解析出难溶的碳酸钙（方解石）富集在石壁表面。

水化作用指水与矿物化合形成新的含水矿物，在一定情况下这种水分子又可以失去。比较典型的是无水石膏（$CaSO_4$）和二水石膏之间（$CaSO_4 \cdot 2H_2O$）的转化。石膏既是一些岩石的成分，同时在历史上，石刻与石窟修补过程中，曾使用石膏作为材料。石膏、无水石膏在潮湿环境下，吸水可以形成二水石膏，并导致晶体体积膨胀，而在干燥环境下，脱水导致体积收缩。这种水化作用将在岩石内部形成反复的挤压破坏作用，导致岩石破坏。除了石膏，水泥中钙矾石、易溶盐芒硝等发生这种现象也非常普遍。

岩石矿物中的硬石膏和其他黏土矿物吸水发生水合作用形成多种水化物，矿物吸收的水分子与晶架连接起来引起矿物体积的膨胀缩和矿物成分的改变，例如，硬石膏（Ca_2SO_4）吸水变成石膏（$Ca_2SO_4 \cdot 2H_2O$）的过程，体积增大 31%，同时产生 0.15MPa 膨胀压力；硫酸钠发生水合作用转化成芒硝，体积增大 1.04 倍，产生 0.44MPa 膨胀压力。

3.4 分离

石材表层部分已与母体完全分开但未脱离的现象。

3.5 空鼓

石材表层一定厚度的片板状体发生隆起变形，在片板状体后形成空腔的现象。表层岩体板状、片状与后部岩体脱离，但未开裂，通常空鼓空腔内填充的松散物质中，含有较多的膨胀性矿物（如石膏、芒硝、泻利盐等）。其产生原因主要是温差作用形成界面应力集中，表层岩石水渗流界面的平行水压力和可溶盐积聚的共同作用。

形成机理：岩石内部本身具有层状结构和大量片状膨胀性黏土矿物和石膏，在雨水的作用下使其表面溶蚀，为水进入砂岩内部提供了条件，砂岩内部黏土矿物及石膏较多的部位遇水后发生急剧膨胀，产生较大的膨胀压力，由于黏土矿物及石膏较多处，岩层的联结强度又较低，在膨胀压力的作用下便发生空鼓；由于这些膨胀性黏土矿物及石膏多以平行于岩面的片状形式存在，所以表层空鼓均大致平行于岩石外表面。此外，岩石表层由于开采卸荷、加工破坏、应力集中作用及温度变化、盐类迁移结晶也会促使和加剧表层空鼓的产生。

3.6 龟裂

石材表面形成的网状微裂隙组，将石材表面分割的现象。

3.7 划痕

石材表面与雕刻造型无关的表面有一定深度的肉眼可观察到的各类痕迹。

3.8 结垢

石材表面渗水处或以前渗水处下方形成具有一定厚度沉淀物质的现象。

这种现象指具溶解能力的水溶液对碳酸盐岩、硫酸盐岩及盐岩等可溶岩类的溶蚀改造过程以及由此产生的地貌等现象的总称。最具代表性而广泛分布在水渗流带上的便是洞穴钙质沉积物，溶液蒸发与二氧化碳逸散是钙质沉积物形成的原因。滴石和流石等形态由滴水和流水所形成。洞穴顶部生长的滴石称石钟乳，底部生长的称石笋。石幔属流石类。这种现象发生在石质文物表面，其本身对岩石材料的完整性和力学强度影响不大，但是由于会大面积覆盖石刻表面，所以会影响文物价值的体现和观赏。

在文物岩石材料劣化过程中实际存在的结垢物主要有两种类型。第一种，它大面积发育在碳酸盐岩石质文物分布地区渗水处下方，一般呈帷幕状，表面具波纹状，严重的甚至会形成石瘤和钟乳。第二类结垢物发育在石质建筑物砌筑缝或裂缝渗水处下方，表面具波纹状，这类结垢物虽然对建筑结构和建筑石材强度没有明显影响，但由于会影响建筑的美观，从而会影响文物建筑价值。

3.9 结壳

外界物质在石材表面形成大于 1 毫米厚壳层的现象（多为黑色）。小于 1 毫米厚的也可称为结膜。一般在轻微机械作用下，很难清除。石窟造像露天存放或曾经露天存放，石刻表面形成的一层结壳（多为钙质）。在露天存放的灰岩类文物上极为常见，石灰岩凝浆及石灰钙化也包括在这类病害之中。

形成机理：在大气中引起岩石表面结壳物质的形成必须具备两个条件，一是含有二氧化硫污染物质的存在；二是合适的温湿度环境，二氧化硫只有通过一系列的氧化和催化过程成为硫酸或硫酸根离子后才能与岩石中的组分发生反应。碳酸盐类岩石主要矿物成分为方解石和白云石。它们在硫酸根离子的长期作用下会发生化学反应，生成硫酸钙附着于表面，即石膏，随着结壳期的延长，易风化物质逐渐减少，尤其是方解石和白云石两类矿物已几乎不存在，取而代之的是石膏含量急剧增高。结壳发现频率最高的位置多在易于形成凝结水的阴冷潮湿部位。所以在这些位置更易使二氧化硫产生新的氧化和催化，于是不断产生新的硫酸和石膏，速度也越来越快。黑色的结壳因此成为基体，不断向其下的多孔岩石提供更多的石膏，石膏便不断向岩石深部侵入。因此覆盖在岩石表面的结壳物质不仅会影响石刻艺术品的美学价值，而且也会给文物岩石材料在露天环境中的长期保存带来极大威胁。

3.10 锈变

石材表面固有色变化的现象。例如采用铁箱、铁质扒钉等加固断裂部位而引起的石窟造像表面变色。

3.11 附积

外界物质在石材表面附着的现象。在轻微的机械作用下，易于清除。

3.12 斑迹

外界物质在石材表面渗透从而形成的各种污染现象。在轻微的机械作用下不易清除。

人为涂鸦、书写及烟熏等造成的石窟造像污染现象。许多洞窟都曾经有人居住或常年举行祭祀活动，做饭取暖生火的油烟、来往香客的香烛灯火等，在佛龛、洞壁表面留下了大大小小浓淡不均的黑色烟熏垢层，明显影响了石雕造像的外观，对造像的艺术效果和美学价值有一定破坏。

3.13 晶析

石材表面析出灰白色结晶状物质的现象，一般附着力不强，呈细小针状。

石窟造像表面可溶盐富集、结晶等导致的破坏现象。一些易溶盐（如芒硝）、中溶盐（如石膏）在岩石内部随着温度、水分变化发生结晶—溶解，不断向岩石空隙迁移、富集，沿盐结晶膨胀压力形成胀裂与松弛交替反复作用而使岩石破坏。盐分的迁移直接受控于水分，特别是毛细水的运移，盐分总是在岩石一定毛细水运移高度范围内富集。当然这种盐分基岩作用存在一个累积效应，较低的盐分并不会对岩石造成明显的破坏。

3.14 动物损害

鸟、蝙蝠等飞禽在露天石窟造像表面排泄粪便、尿等排泄物，不但污染文物的外貌，而且排泄物的污物发生的化学反应也会对文物岩体成分、结构造成损伤和破坏。蜂、蚁等昆虫在石窟造像表面、空鼓及裂隙部位筑巢、繁衍，附着在文物表面引发的覆盖破坏以及化学破坏。飞禽爪子抓刨石雕像、壁画、彩塑，形成爪蚀破损破坏。鼠、蛇在窟壁中打洞，造成破坏。

3.15 高等植物损害

植物根系生长过程中，根系进入石窟造像裂隙之中，通过生长产生根劈作用的压力，导致石窟造像机械性开裂破坏。

3.16 低等植物与微生物损害

石窟造像由于低等植物及微生物繁衍生长导致的表面污染及自然损伤现象。

生长在岩石表面的地衣及微生物根系黏着、穿插在岩石孔隙中，使岩石表面逐渐龟裂、破碎的机械破坏方式，以及生物通过自身分泌及死后遗体析出的酸等物质加剧岩石矿物成分劣化和微观结构松散、损伤等破坏过程。

微生物种类多、体积小、分布广、适应能力与生命力强等特点决定了它们对岩石的破坏力很大。微生物是矿物风化最重要的因素之一。微生物的活动可以导致硅酸盐、磷酸盐、碳酸盐、氧化物和硫化物矿物被破坏并使一些重要元素（Si、Al、Fe、Mg、Mn、Ca、K、Na、Ti 等）从矿物中溶出。微生物破坏作用有以下几类：

（1）酸的溶解作用。这是生物促进岩石和矿物风化的重要途径。生物的代谢产物中包含大量的有机酸和无机酸。无机酸主要有 H_2SO_4、HCl 等，有机酸主要有柠檬酸、草酸、葡萄糖酸、甲酸、乙酸、醋酸、乳酸、琥珀酸、丙酮酸等。有机酸比无机酸更易于溶解矿物。

（2）胞外聚合物的作用。细胞周围微环境中的胞外多聚物浓度大大增加，这些多聚物的主要成分是蛋白质和多糖（同时也包括单糖和二糖成分），它们含有大量的羟基、羧基官能团和有机螯合体。金属离子既能被 H^+ 直接从矿物中置换出，也能与官能团、螯合体形成可溶性的金属有机复合体。这些物质能增大矿物－微生物表面反应的速率，使矿物的溶解速率比无微生物时大几个数量级。

（3）生物膜的作用。生物膜是微生物分泌的体外聚合物堆积混合而形成的厚凝胶层，可黏附在矿物颗粒或固体物质表面。这些体外聚合物利用其吸附性为微生物获取从矿物中溶解出的营养元素。

（4）酶解作用。Tf 和 Tt 菌具有亚铁氧化酶或还原硫氧化酶，能催化矿物中的亚铁和还原硫迅速氧化，导致矿物中的变价金属转化为溶液中的离子。

（5）碱解作用。长石的溶解速率与溶液的 pH 酸碱度成"U"型关系，即在酸性区域，随 pH 增大而减小；在中性区域，溶解速率低，且受影响小；在碱性区域，随 pH 增大而增大。

（6）氧化还原作用。Tf 菌与 Tt 菌可通过 S^{2-}、Fe^{2+} 离子的氧化促进矿物的溶解。它们的表面富含脂类、多糖、蛋白质等生物大分子，这些大分子通过物理或化学方式吸附到矿物表面，在有氧的情况下，利用空气中的 CO_2 作为碳源，将 S^{2-}、Fe^{2+} 迅速氧化为 SO_4^{2-}、Fe^{3+}，并从中获得生长所需能量，促进矿物的溶解。

4. 其他病害

不当修补、重塑镀金、人为破坏、其他。造像表面经人为不当修补后，造像头部神态与原貌不符、局部与整体颜色不一致，明显影响了造像的外观，对造像的艺术效果和美学价值有一定破坏。同时，由于水泥最终会分解生成对石质文物有害的盐分，目前已被淘汰。

附录4 石窟造像工程常用保护方法与技术

结合本次石窟造像病害现状及形成机理分析结果，浙江省石窟造像保护工作应从改善文物本体保存环境入手，首先解决结构稳定性和水害问题，待保存环境处于一个相对良好的状态后，再开展防风化保护相关工作；对目前存在严重结构安全隐患的石窟造像应及时开展抢险加固。病害治理前，应根据《石质文物保护工程勘察规范》，对石窟造像所在区域开展岩土工程勘察、环境工程地质问题勘察和文物本体病害勘察。

本附录主要参考中国古迹遗址保护协会编写的《文物保护工程专业人员学习资料·石窟寺及石刻》一书展开描述，同时也引用了科学出版社出版的《石质文物保护》一书的部分内容。

1. 石窟造像保护工程勘察

1.1 岩土工程勘察

技术方法主要包括工程地质与水文地质测绘与调查、勘探与取样、原位测试与室内试验等。

1.1.1 工程地质与水文地质测绘与调查

这是岩土工程勘察的基础工作，在地层出露较好区域，高质量的测绘工作可节省大量的勘探工作，同时鉴于该方法具有无损性，是石窟寺类石质文物保护工程中的岩土工程勘察工作的首选方法。测绘与调查工作内容主要包括地层岩性、地质构造、地貌、水文地质条件、不良地质现象、已有建筑物与构筑物的调查、人类活动对场地稳定性的影响等。

1.1.2 勘探与取样

勘探工作包括物探、钻探和坑探等方法。它是用于调查地下地质情况的方法，还可利用勘探工程进行取样，开展原位测试和监测工作。物探是一种间接的勘探手段，该方法对环境影响极小，比较符合文物保护工程勘察中"最小干预"原则的要求，是石窟寺类石质文物保护工程中的岩土工程勘察工作的首选方法。钻探、坑探、槽探等统称为勘探工程，均是直接勘探手段，由于这些方法在工作期间或多或少都会对环境造成一定影响，故在文物保护工程勘察工作中不主张大范围地使用。岩土工程勘探的任务主要包括：详细研究文物所在区域的岩土体和地质构造；研究文物所在区域的水文地质条件；研究地貌和不良地质现象；取样及提供野外试验条件；提供检验与监测的条件；进行孔中摄影及孔中电视，直观了解深部或内部岩土体的各种工程性状，如完整性、

渗透性等。

1.1.3 原位测试与室内试验

主要目的是为岩土工程问题分析评价提供所需的技术参数，包括岩土的物性指标、强度参数、固结变形特性参数、渗透参数和应力与应变时间关系的参数等。原位测试的任务主要包括土体原位测试、水文地质原位测试、岩体原位测试。室内试验的任务主要包括土工试验、岩石试验、水质分析试验。

1.2 环境工程地质问题勘察

1992 年，由潘别桐教授和国家文物局文物保护科学技术研究所黄克忠先生主编的《文物保护与环境地质》一书中，正式提出了"环境地质病害"这一概念。他们按照病害的主要成因将"环境地质病害"划分为两类，一类是指由于自然地质作用引起的地质病害；另一类是由于人类生产或工程活动，引起自然环境改变，在改变后的自然环境营力作用下，引起原有（第一类）地质病害的加剧或诱发新的环境地质病害。

第一类环境工程地质问题勘察的任务主要包括：查明该类问题分布区域、规模、严重程度及产生原因，研究与评价该类问题对文物本体及相关环境的影响程度。

第二类环境工程地质问题主要小气候环境改变引起石质文物表层劣化加剧问题、水文地质环境变化引起的渗漏问题、水文地质环境变化引起的渗漏问题、采矿引起地面坍塌导致文物破坏问题、河流改道及修建水库引起的淹没或淤积问题等。第二类环境工程地质问题勘察的任务主要包括：查明诱发该类问题的原因及对文物本体和相关环境的影响程度；研究该类问题的控制因素，并提出防治对策；监测和研究该类问题的规律性，并预测其发展趋势。

1.3 文物本体病害勘察

石窟造像的本体病害按照结构失稳病害、渗漏病害和表层劣化三大类开展勘察工作。勘察深度与要求按照《石质文物保护工程勘察规范》相关内容。

2. 石窟造像结构失稳病害治理

调查结果表明，浙江省石窟造像结构失稳病害主要以危岩体和本体裂隙为主，此类病害将随时直接危及文物本体的安全。

2.1 危岩体常用治理技术

2.1.1 预应力锚索技术

石窟造像岩体发育如果有多组构造裂隙、卸荷裂隙，这些裂隙和构造面相互作用，将石窟造像岩体切割成块状，形成危岩体。这类危岩体的体量较大，需要较大的锚固力进行加固。预应力锚索技术主要用于锚固体积较大的危岩体，尤其在应用于文物保护领域时，具有结构简单、施工安全、锚固力大、对坡体扰动小等诸多优点，为较大型石窟危岩体加固的主要技术措施。

预应力锚索是指采取预应力方法把锚索锚固在岩体内部的索状支架，用于加固边坡。锚索靠锚头通过岩体软弱结构面的孔锚入岩体内，把滑体与稳固岩层连在一起，从而改变边坡岩体的应力状态，提高边坡不稳定岩体的整体性和强度。

预应力锚索设计要在特定地层中，选择出适宜的锚索形式及布局，确定锚索承载能力和锚固长度等结构参数。被加固地层是锚固系统的一个重要组成部分，由于地层条件千变万化，而锚索的锚固性能又对地层性质的变化极其敏感，所以目前还不可能用一个简单的公式来准确地计算其参数。锚固设计仅用于设计人员在初步设计时估算锚索锚固力等参数。在文保工程中，锚索的锚固力通常要通过现场试验加以确认。

预应力锚索施工顺序一般为：锚索孔钻孔、清孔－钢绞线编束成型、安装导向尖壳、架线环—安置锚索—压浆—施加预应力—切割多余钢绞线、封闭锚头表面复旧。

2.1.2 砂浆锚杆技术

砂浆锚杆是指利用砂浆与锚杆的黏结力和砂浆与岩层的黏结力将不稳定的小型危岩体吊挂在松动区以外的稳定岩体上，防止岩块掉落。可用于块状结构或碎裂结构的石窟造像岩体中的小型危岩体加固，单根钢筋、钢丝绳的设计锚固力约在50KN左右。

2.1.3 玻璃纤维锚杆技术

玻璃纤维是一种以合成树脂为黏结剂、玻璃纤维为增强材料制成的复合材料，与普通锚杆相比，具有耐久性好、易加工、杆体轻等优点。可用于块状结构或碎裂结构的石窟造像岩体中的小型危岩体加固，设计锚固力约在50KN左右。

2.1.4 局部支顶技术

调查发现，少量石窟及摩崖造像的下方岩体中存在有岩洞、溶洞现象，部分窟区及摩崖造像岩性较软，长期经受雨水冲刷和地下水淘蚀，在坡脚部位或其他部位形成多处悬空或空洞，加剧了坡脚的应力集中状态，造成上部岩体失去支撑，加之边坡陡立甚至局部反倾，在上部岩体自重、各种外力和其他综合因素的影响下，上方危岩体存在产生倾倒、崩塌、下错或坠落的风险。

局部支顶指在危岩体风险部位设置局部支撑结构，以提高该处岩体的稳定性。局部支顶措施包括浆砌片石支撑墙、钢筋混凝土支撑墙、钢筋混凝土立柱等多种形式，采用何种形式应根据稳定性勘察评估结果并充分考虑支顶措施对文物本体景观风貌的影响。支顶结构应采取小体积、分散设置，要对其表面进行做旧处理，使其外观近似于风化岩柱或岩层。

2.1.5 危石清理

对于部分体积比较小且清除后不影响景观原貌的危石可采用就地清除的治理措施。在危石清

理过程中，要对文物本体做好防砸和粉尘防护的遮蔽措施。

2.2 本体裂隙治理技术

灌浆加固是石窟造像裂隙修复的常用方法，灌浆加固可以使开裂的崖体黏合在一起，而浆液结石体可将裂隙填充密实，防止雨水渗漏。

石窟造像裂隙包括断裂、机械裂隙、原生裂隙和风化裂隙四大类，除了风化裂隙属于浅表性裂隙（深度小于 2 厘米），其他裂隙都深入文物岩体内部，而且发育的裂隙特征和规模差异很大，裂隙的长度、张开度、粗糙度等情况复杂，治理时要根据现场勘察情况科学合理地选择灌浆加固材料和工艺。

2.2.1 国内传统水硬性石灰

水硬性石灰兼有石灰与水泥的特性，收缩性低、耐盐碱，抗折、抗压强度适中并可调，与文物兼容性好，且其生产过程中无任何外来添加物，水溶盐含量很低。省内以砺灰为代表，近年来在石质文物保护中得到了一定的应用和推广，经改性后的砺灰灌浆料，其强度有了较大的提高，比较适合用于力学强度不大的岩体裂隙灌浆。

2.2.2 国外水硬性石灰

近年来，国外应用较为广泛的 NHL 系列水硬性石灰及改性的微纳米石灰在省内石质文物保护中得到了一定的应用和推广，但由于材料成本较高，一般用于浅表性裂隙的修补。

2.2.3 改性环氧树脂

改性环氧树脂是含有环氧基团的高分子材料，其黏度低，可灌性较好，强度也较高，比较适合用于力学强度较大的岩体细微裂隙灌浆。但由于其耐久性较差，不适用于直接裸露的自然环境。

2.2.4 PS 系列灌浆材料

PS 系列灌浆材料的固结体都是硅酸盐类无机物，接近岩石的主要成分，耐老化、有较高的固结强度、黏度小、渗透好、可灌性强，在裂隙中凝固形成的结石体能充分充填大小不同的裂隙，结石体基本无收缩，强度与岩体强度相近，适合于砂砾岩体的裂隙灌浆。但它对施工工艺要求较高，浆液的浓度配比、灌浆量、时间都要严格控制。要求在干燥环境下施工，固化时间也较长。因此在潮湿多雨、岩体湿度大、岩石致密的情况下不宜使用。

3. 石窟造像水害治理技术

水害是破坏石窟造像最主要、最严重的外在因素，从本次石窟造像病害调查与成因分析结果看，省内石窟造像病害都与水害有着密切的关系。治理水害是一项复杂、系统的工程，因情况不同而方法各异。同时治理水害应遵循不改变文物原状、最小干预的原则，根据疏排为主、堵截为辅、多措并举的技术指导思想，采取动态的设计方法。目前我省在石窟造像的防水治水工程中，主要是在石窟顶部修筑截排水沟，改变地表水的流向；切断水与文物的联系，查清裂隙分布，铺设防渗层或裂隙灌浆防止水分沿裂隙渗入文物内部；开挖隧洞、深井或通过打竖向集水孔和仰斜排水孔等方法降低地下水位。由于水的运移途径及分布状态是千变万化的，必须在详细而准确地查清地下水的类型、补给来源、运移途径及分布状况的基础上，对水源、给水面、分水岭、裂隙走向、裂隙发育状况等要素做出全面科学的分析评价，结合现场情况，因势利导，设计简便有效的治理方案。

3.1 裂隙水治理

针对裂隙渗水特点，可采取以排、截、疏导为主，封堵为辅的综合治理措施，其治理原则是截断基岩裂隙水的补给来源，打通地下水的排泄通道，以排除地下水。一般常用的治理措施有以下几种。

3.1.1 平孔排水

在详细而准确地查清水文地质情况后，如发现石窟造像岩体有软弱隔水层，并有多处渗水点，可在此位置设置水平排水孔改变地下水的运移途径，将地下水引离崖面和石窟。

3.1.2 防渗帷幕

对于石窟区岩体中基岩裂隙水总量不大的情况可采用高压注浆形成防渗帷幕的治理措施。治理过程中在保证防渗帷幕质量的同时还要注意控制注浆孔间距、注浆孔距石窟内壁距离以及注浆材料的可灌性、耐久性和对岩体的低危害性。

3.1.3 泄水洞与钻孔排水

对于石窟区岩体中的基岩裂隙水也可采取泄水洞、钻孔综合排水措施及时排泄地下水。在确定泄水洞洞身位置时，应视裂隙延伸情况、窟壁潮湿部位及渗水点标高而定，洞身必须置于含水裂隙部位。开挖泄水洞应防止石窟载体的应力调整对石窟的稳定性造成不利影响。

3.2 毛细水治理

毛细水的治理原则是降低地下水位、使地下水水位埋深深度大于石窟造像岩体毛细水强烈上升高度。

盲沟是降低地下水水位、防止毛细水上升的有效措施，排水效果好，施工方便，使用寿命长。盲沟可将地下水水位降到低于毛细水强烈上升高度，减小岩体湿度，减缓风化作用，而且由于有了盲沟排水系统，地下水排泄通畅，地下水通过上部裂隙的时间大大缩短，渗漏少、岩体吸收少，降低了岩体和窟内的湿度，也有效防止了岩体和窟内的凝结水带来的危害。

3.3 地表水治理

地下水的补给来源之一是大气降水的下渗，所以截断地下水的补给来源、加强窟崖顶地表水排水系统、采取隔水措施防止地表水下渗是防水保护工程的重要措施之一，可收到事半功倍、立竿见影的效果。其对于防渗帷幕、泄水洞、水平排水孔等工程措施也具有重要的辅助作用。一般常用的治理措施有以下几种。

3.3.1 崖顶设置截排水沟（管）和挡水坝

根据窟区崖顶的具体地形和地层情况，在汇水面积较大的斜坡坡口附近设置挡水坝，坝体露出地面 0.5 ～ 1 米，地下埋深 1.5 ～ 1 米，坝长根据现场具体情况而定；在汇水面积较小、坡面无明显沟槽但崖壁受冲刷严重的部位，采用"V"形挡水坝和排水沟（管）相结合的方法对地表水进行截排疏导、引离崖面。

3.3.2 崖顶铺设隔水层

开挖崖顶地表覆盖层，在 1.5 ～ 2 米冻结深度以下铺设隔水层，如防渗土工布或防水片材等。该措施的优点是可恢复坡面自然形态，可在渗水严重的小范围实施；缺点是施工过程中严重扰动原覆盖层，而且一旦局部损坏，不易及时发现和维修，地表水如进入覆盖层下则难以蒸发，产生顶板效应，最终导致洞窟潮湿。

3.3.3 崖顶设架空雨棚

可采取在崖顶设置架空遮雨篷，高出地面 1 米左右，以创造良好的通风条件。该措施的优点在于不扰动地表覆盖层，工程设施便于维护。根据地形变化遮雨篷设置为若干单元，雨水经遮雨篷遮挡后流入侧面地表排水沟排出区外。为了不影响窟顶景观，可沿临空面陡坡边缘用原岩砌筑一道矮墙，并进行复旧处理，使之与崖面外观保持一致。但采取此措施时应注意防风，大风区不宜采取此措施。

3.3.4 崖顶表面平整

以填高地表洼地为主，将地面略加整平，然后将防水片材直接铺设在地表，并与地表排水沟连接。该措施的缺点是施工过程中严重扰动原覆盖层，但优点是施工简便，造价较低且便于维修。

3.3.5 冲沟整治

对于规模较大的冲沟选择持力层较好的区域进行岩块砌补，然后进行汇水区和排水通道整治，形成一定坡度，利于排水。

3.3.6 崖顶裂隙封闭

如果崖顶岩体裂隙十分发育，应对崖顶裂隙进行充填封闭。

4. 石窟造像表层防风化保护技术

防风化保护是石窟造像表层劣化治理的主要工作，目前表层劣化治理主要从两部分入手，一方面改善石窟造像的生存环境，排除石刻生存环境中的污染源，根除地表水、地下水及冷凝水对石质文物的侵蚀，排除石造像表面微生物和岩体表层可溶盐，使石窟造像保存在一个相对稳定的环境中；另一方面是进行表层防风化保护，主要措施有材料加固修复、表面清洗、表面封护等。我国对加固材料和工艺的使用较为慎重，《中国文物古迹保护准则》第22条指出："按照保护要求使用保护技术。独特的传统工艺技术必须保留。所有的新材料和新工艺都必须经过前期试验和研究，证明是最有效的，对文物古迹是无害的，才可使用。"关于《中国文物古迹保护准则》若干重要问题的阐述第11.2.2条中也指出："所有的保护补强材料和施工方法，都必须先在实验室进行试验，取得可行的成果后，才允许在被保护的实物上作局部的中间试验，得到完全可靠的效果以后，才允许大范围使用。"

因此，在表层防风化保护前，应对石窟造像的环境，岩石矿物组成，岩石理化性质，风化类型及风化机理，风化深度及材料的憎水性、透气性、渗透性、耐候性、体积安定性等指标进行全面分析测试，并经过前期实验室材料筛选试验和现场试验，选择最优的材料和工艺。

4.1 表面劣化修复技术

对表面剥落、分离、空鼓等病害进行材料加固修复。

材料加固修复专用要求应包括：

（1）修复材料的黏度较低，有良好的渗透性和可灌性，浆液能有效填充到整个空腔；

（2）与岩石具有相近的物理特性。修复材料不应阻断岩石内部的水汽运移，应具有相近的孔隙率，以保证岩石的透水、透气性；

（3）修复材料抗老化性能良好，与石刻材质相比，机械强度相近，热湿膨胀系数相近；

（4）修复料老化后不能对文物产生新的破坏；

（5）修复材料与石材之间应有较好的黏结力和附着力。

加固修复专用材料一般有：

（1）动物胶（如鱼鳔胶、猪血、兽皮胶、虫胶），植物胶（如树胶、树脂）和矿物胶（如沥青、石蜡）等，但这些材料对小型石质文物或构件仅能起临时加固作用，对比较大的构件或文物不适。

（2）结构性加固黏接，目前多数是用有机材料，比如改性环氧树脂、丙烯酸乳剂和硅树脂的合剂等，其黏接强度高，但耐紫外线的能力较差，不适合加固裸露在外界的石窟造像。

（3）超细水泥作为黏结剂，具有一定的黏结力、价廉和易于操作的特点，但水泥释放出水溶性盐（磺酸钠、碳酸钾及硫酸盐），对文物有害，因而一般不推荐使用。

（4）水硬性石灰作为传统的硅酸盐建筑材料，以其收缩性低、耐盐碱，抗折、抗压强度适中并可调，与文物兼容性好，水溶盐含量低等优势，在露天和高湿度环境下也表现出较强的适应性和良好的修复效果。水硬性石灰改性后的注浆料、黏结料目前在我省应用推广较好。

4.2　表面清洗技术

清洗的目的，一是还原石质文物的本来面貌，将其原本的文物价值最大化地展现出来；二是通过对石质文物的清洗，打开岩石气孔，恢复岩石微孔隙的水蒸气通道，清除表面污染物（主要为微生物覆盖和各种盐类），从而延长其寿命；三是为其维修和保护处理打下基础，如提高岩石对保护剂的吸收率和吸收深度等。

清洗的主要方法有物理清洗、化学清洗。在石质文物的清洗中必须严格禁止使用对文物本体有害的方法，限制使用对环境有害的方法，目前主要推荐使用物理清洗方法。

清洗措施应针对不同病害进行不同的清洗方式的选择，在隐蔽部位进行小范围现场试验，根据清洗效果评价结果，确认为安全、有效后，方可全面实施。

4.3　脱盐技术

盐结晶破坏是石质文物风化的重要因素之一，一般采用纸浆贴敷法，即在石刻造像上溶盐较多的部位，用纸浆或直接采用草纸吸水，贴敷在石材表面，并用排笔使纸张与石刻表面紧密贴敷在一起，利用毛细管作用将石材内部的盐溶液吸附至石材表面，并停留在其表面的纸浆内，待其干燥后，揭下已干燥的纸浆或纸张，其中的盐分即被去除。反复操作，由于石材浅层的盐溶液浓度降低，深处的离子会加快向表面迁移的速度，石刻内部可溶性盐大部分可去除。为了检验最后是否还有盐分析出，可以测量纸浆等贴敷材料的电导率，当测量的电导率恒定时，就说明可溶性盐基本去除了。

4.4　表面加固封护技术

表面加固就是采用喷涂、涂覆等方法将加固剂添加到粉化、酥碱的石材表面，加固剂之间以及加固剂与石材之间产生较强的胶结作用，随着溶剂的挥发，加固剂凝固，被加固石材的强度得到加强。由于文物保护要求的标准极高，对加固材料选择必须遵循以下原则：

（1）加固剂要在石材一定深度范围内才能形成一种新的、抗风化的矿物质岩石胶结物。

（2）不形成任何破坏岩石的含盐副产物。

（3）对岩石的一些主要特性，如水蒸气透气性等不产生新的不良影响。

（4）在岩石中有良好的渗透力，至少应能渗透到未风化部位，而且加固后，加固层岩石的力学参数应平稳过渡，不至于加固部分和未加固部分产生明显的力学强度分界。

（5）不会引起岩石表面颜色的变化。

当发生风化破坏的石质文物加固之后，还需要对其进行表面封护，起到防水、防酸、防污、防微生物和防溶蚀等作用，以降低石质文物的老化进程。

加固材料通常分为有机材料和无机材料两大类。无机材料的加固是通过加固剂中某些成分与二氧化碳的反应或水合作用形成新物质而实现的，如石灰水加固即是氢氧化钙与二氧化碳形成碳酸钙，碳酸钙与石材中的矿物成分近似，从而实现加固目的，但是无机材料的渗透性能和黏结性能都比较差。与无机加固剂相比，有机加固剂强度高，可以黏接开裂的岩石，但是它们易于受环境因素的影响，如氧、臭氧、水、紫外线及红外辐射等，从而发生老化的现象。材料的成分、结构和性能都发生较大的变化，不但丧失加固功能，甚至产生新的破坏。

目前用于加固封护的材料主要有丙烯酸酯类、硅酸酯、硅氧烷单体及聚合物、氟碳聚合物、PS 系列及改性石灰类溶液等。但目前还没有哪种材料能做到对各种环境条件、各种石质都普遍适用，而且由于石质文物生存环境、岩石性质、风化形态等各方面的差异，同种材料对不同环境条件和不同性质岩石的保护效果也会截然不同，对文物有无损害也没有定论。因此，所有加固封护材料实施前必须经过前期实验室材料筛选试验选择最优材料，再进行现场小范围试验，并对其进行长期保护效果监测。

5. 石窟造像预防性保护

石窟造像的预防性保护，是通过对石窟造像采用防护、改善保存环境、加强管理等措施，阻止和减缓文物病害发生的可能，以及灾害对文物古迹造成损害而开展的保护工作。预防性保护工作要符合以下原则：预防性保护要满足最低限度干预原则，要通过技术措施和管理措施共同实施，要减少或避免文物古迹遭受威胁与灾害。

5.1 构建基于风险管理理论的监测预警体系

通过风险识别、风险分析与风险处理，在各种风险因素对文化遗产造成破坏性影响之前或之初，及时采取有效措施，避免损失的发生或以更低的成本降低损失。近年来，国内几大石窟各自建立监测预警体系，基本实现了预防性保护。他们的实践结果也表明，基于风险管理理论的监测预警体系为实现世界文化遗产"变化可监控、风险可预知、险情可预报、保护可提前"的预防性保护管理目标提供了有力支撑。

5.2 监测

在预防性保护过程中，监测贯穿始终，是主要的保护手段。监测的内容主要有：

（1）大环境的监测：影响石窟造像的外部环境监测，包括降水、温度、湿度、光照、洪水、振（震）动、酸雨及环境质量的监测，也包括土壤、水文、植被等多方面环境因素变化的观测等，还包括石窟造像保护区景观变化的监测等。

（2）微环境的监测：影响石窟造像某一微小空间的环境指标监测，包括温度、湿度、二氧化碳、光照、降尘等要素及环境质量的监测。

（3）石窟造像载体和本体监测：包括外观变化，如形变、错位、裂隙、沉降、风化等，还包括其物理性质指标和化学性质指标的变化，如孔隙性、水分、热量、pH、易溶盐等。

（4）生物监测：对影响文物本体保护的动物、植物及微生物监测。

（5）干预活动监测：对采取的干预措施进行监测，评估干预效果的专项监测。

（6）预防性设施监测：根据石窟造像实际情况和可能存在的隐患制订切实可行的监测内容和制度，如消防、避雷、防洪、固坡等安全设施的监测。

（7）对旅游活动和其他社会因素对文物古迹及环境影响的监测。

5.3 日常保养与维护

保养维护是根据监测及时或定期消除可能引发文物古迹破坏隐患的措施。保养维护内容主要有：

（1）清理清洁过程，如清理石窟造像周边的杂草，影响石窟造像安全的植被，清洁摩崖造像上的动物粪便等。

（2）防渗防潮工程，如针对石窟造像的积水、漏水现象，保持排水畅通。

（3）临时修补工程，如填塞结构孔洞、自然裂隙，以减少风力、鸟兽和灰尘的侵蚀污染，清理零星风化落石等，并在必要时实施简易的支顶加固等。

（4）维护防灾设施，包括防火、防震、防雷击等，如维持避雷网的完好和消防设施的有效性等。

6. 石窟造像保护性建筑

石窟造像保护性建筑按照形式划分，可分为自然岩体保护檐、悬挑式保护檐、柱廊式保护檐、殿阁式保护檐。

6.1 自然岩体保护檐

自然岩体保护檐是以石窟本体材料营造庇护空间，优点是形态自然，因地制宜，在效果上与摩崖造像浑然一体，且结构强度和耐久性远胜木材。缺点是功能单一，且限于石材本身物理强度、宽度小、深度浅，保护效果欠佳。

6.2 悬挑式保护檐

一般在小型浅龛、分散的窟龛、摩崖造像和地形崎岖、不便于窟檐落柱的石窟造像使用。该类型窟檐一般采用悬挑结构，因此尺度往往较小，出檐距离也较短。该类型窟檐对视线遮挡小，利于采光通风，对于岩体上方的流水和雨水也有一定的阻挡作用，且体量较小，可以灵活分布，既可以单独存在，也可以连续形成窟檐组合。缺点是该类型窟檐结构基础接触岩体，需要在岩体上打深孔，对赋存岩体有一定破坏性；窟檐构件与岩体的交接方式则多是搭接或插接，如处理不当常出现从接缝处渗水的状况，影响保护效果。

6.3 柱廊式保护檐

主要沿摩崖边缘落柱，柱上置屋架，廊下铺设硬质地面或栈道。由于檐柱的支撑，窟檐出挑深度可以更大。屋顶形式的选择也更灵活，可设

图 1　自然岩体保护檐

图 2　悬挑式保护檐

图 3 柱廊式保护檐

单坡、双坡顶，局部可改
变檐柱的数量和位置来改
变窟檐高度、出檐深度等。

6.4 殿阁式保护檐

殿阁式保护檐是将摩
崖造像与佛殿或楼阁建筑
结合，创造出空间围合感
强、内部空间大的全覆盖
保护性建筑。殿阁式窟檐
建筑外观具有标志性，作
为主体景观与邻近寺庙形
成建筑群，同时也能兼具
保护和展示两种功能。建
造成本较高。

图 4 殿阁式保护檐